AF329616

TRAITÉ

SUR

LES QUESTIONS MIXTES,

OU

EXAMEN

DES LOIX ET JURISDICTIONS

qu'on doit fuivre pour décider les conteftations entre les hommes de différentes Nations, de différentes Provinces, de différens Diftricts, &c.

VUES GÉNÉRALES.

Par M. Dumouchet du Bac, ancien Avocat au Parlement.

A BRUXELLES,

Et fe trouve à Paris,

Chez la Veuve Herissant, Imprimeur-Libraire, rue Neuve Notre-Dame.

1787.

Ultimum venit, ut rectâ ire viâ te credas, nihil avocatus transversis multorum vestigiis passim discurrentium & quorumdam circa errantium viam.

Senec. de tranq. anim. cap. 2.

PRÉFACE.

M. DE RIPARFONDS, avocat célebre, en léguant sa bibliotheque à son Ordre, defira que dans le lieu où elle feroit placée, fes confreres s'affemblaffent de temps en temps pour *agiter les Quef-tions mixtes*, qu'il confidéroit comme les *grandes Quef-tions du palais*.

Ses intentions furent rem-plies. MM. les gens du Roi & MM. les Bâtonniers s'a-drefferent à M. Froland (1), qui en avoit fait une étude

____

(1) Voyez M. Froland, préface de fes mémoires fur le Velleïen.

particuliere. Les questions qu'il présenta firent l'objet de conférences nombreuses tenues en leur présence dans la bibliotheque des avocats pendant quatre années. M. Froland dit que ces conférences ne furent interrompues que par le malheur des temps.

La génération présente se plaît à payer un tribut de reconnoissance à M. de Riparfonds, en renouvellant les conférences sur d'autres objets importans.

Voici des observations relatives à son objet chéri ; je les dépose sur le tombeau de cet homme de bien.

TRAITÉ

TRAITÉ

SUR

LES QUESTIONS MIXTES.

JE me propose de faciliter la décision des nombreuses *Questions mixtes*, que font naître les combats perpétuels des différentes loix, des différentes jurisdictions qui dominent les hommes. J'écarterai les expressions obscures & scholastiques dont on a infecté cette belle partie de la jurisprudence. Quelques vues générales pré-

A

céderont l'ample discussion des Questions mixtes.

J'ai cru que ces vues générales pouvoient se détacher.

VUES GÉNÉRALES

SUR

LES QUESTIONS MIXTES.

LA définition des Questions mixtes sera suivie par quelques réflexions sur la difficulté, sur l'importance de ces Questions ; je jetterai ensuite un coup-d'œil rapide sur les différentes sources où l'on puise ordinairement leur décision.

Je tâcherai enfin de présenter quelques principes généraux.

A 2

PREMIERE PARTIE.

CHAPITRE PREMIER.

Définition des Questions mixtes.

LES hommes peuvent être considérés comme partie du genre humain ou d'une nation, comme partie des habitans d'une province ou d'une ville, comme membres d'une société particuliere ou d'une famille.

Différentes loix & différentes jurisdictions commandent l'homme considéré sous ces différens rapports. C'est de la collision de ces différentes loix, de ces différentes jurisdictions que naissent les *Questions mixtes.*

Il semble donc qu'en général c'est une *Question mixte* quand, pour la décider, on demande de quelle société on doit suivre la loi, ou quand on demande à quelle jurisdiction cette décision appartient (1).

---

(1) « Les Questions mixtes, dit M. Boul-
» lenois, sont ainsi appellées, parce que les
» *faits* qui y donnent lieu étant *sous des loix*
» *différentes & opposées*, ces Questions se
» trouvent mêlées & embarrassées dans le
» concours de ces loix, & leur décision
» semble dépendre autant de l'une comme
» de l'autre, ce qui excite dans le Juriscon-
» sulte un combat intérieur, & une *indécision*
» *délibérée* sur le choix qu'il doit faire de l'un
» plutôt que de l'autre ». *Préf. de M. Boullenois.*

On me permettra de demander ce que sont *des faits sous des loix*. La plupart des Questions de droit ont leur source dans des *loix différentes & opposées*, & cependant ne sont pas des Questions mixtes. Que signifie *l'indécision dé-libérée* ? Si c'est *doute*, il semble que M. Boul-

CHAPITRE II.

Difficulté & importance des Questions mixtes.

M. le préſident Bouhier écrivoit à M. Boullenois que les Queſtions mixtes étoient le ſujet le plus épineux de notre juriſprudence (1).

lenois pouvoit employer cette expreſſion naturelle. Enfin il y a des Queſtions mixtes relatives aux juriſdictions.

(1) Lettre de M. Bouhier, pag. 9 de l'avertiſſement de l'éditeur de M. Boullenois. Dans une autre lettre *ibid.* pag. 7 : « On peut dire » que le ſujet eſt un des plus difficiles & des » plus *intrigués* qui ſoit dans notre droit ». M. Boullenois avoit conſulté M. Eſpiard, préſident au parlement de Franche-Comté, qui lui écrivoit le 7 août 1741 : « Quand » on examine d'auſſi bons ouvrages que les » vôtres, on a peine d'y trouver quelque

On peut dire encore qu'elles en présentent la matiere la plus vaste, & peut-être la plus belle.

Dans les Questions mixtes de nation à nation, le jurisconsulte n'est point resserré dans d'étroites entraves ; sa vue n'est point bornée par des préjugés nationaux & par des réglemens particuliers ; elle embrasse toute la terre, tandis que

---

» chose à changer ou à ajouter, sur-tout s'a-
» gissant d'une matiere *très-épineuse, & qui,*
» *jusqu'ici, n'a pas encore été défrichée* ; ensorte
» que vous pouvez vous appliquer justement
» ce qu'a dit un ancien de lui-même, *Avia*
» *pieridum peragro loca.*
» Mais plus les Questions que vous traitez
» sont neuves & importantes, plus aussi le
» public vous doit de reconnoissance d'é-
» claircir des points d'une jurisprudence si
» abstraite, & cependant si nécessaire ».
Quand la matiere est *très-épineuse*, quand elle n'a point été défrichée, c'est alors qu'il semble qu'on peut trouver à changer ou à ajouter.

chaque légiflateur eft obligé de
fe borner à fon territoire.

Cette matiere étant reftée prefque en entier dans le domaine de
l'équité & de la raifon, le jurifconfulte y dicte, pour ainfi dire,
des loix aux légiflateurs eux-
mêmes.

Les nations font, les unes à
l'égard des autres, ce que, dans
l'état primitif & avant tout gouvernement civil, les familles étoient
entre elles.

Le jurifconfulte, dans les Queftions mixtes de nation à nation,
eft donc obligé de s'élever au-deffus de toutes les loix pofitives, de
puifer fes décifions dans ces rapports effentiels qui font entre les
hommes en fociété, abftraction
faite de tout gouvernement.

Quant aux Questions mixtes qui peuvent s'élever entre les différentes provinces de la France, il faut encore, pour les traiter, que le jurifconfulte françois ait fans ceffe les yeux fur le droit public de fon pays.

Au furplus, c'eft un grand avantage de pouvoir, dans prefque toutes les Queftions mixtes, tirer fes principales raifons du fentiment intime de l'équité & du fein de la réflexion.

C'eft bien en traitant de pareilles Queftions qu'on eft obligé de pénétrer jufqu'à la fource des loix, &, pour y parvenir, de chercher à connoître (1) les dons que la

____

(1) Ciceron s'éleve au-deffus des jurifconfultes ordinaires pour traiter des loix. On lui demande d'abord ce qu'il penfe

nature accorde aux hommes, les
riches trésors que renferme notre

----

du droit civil : il répond qu'il y a dans Rome
d'excellens jurisconsultes, mais qui se sont
peu attachés au droit universel. Il se défend
de traiter des murs & des goutieres, des
stipulations & des formules de jugemens ;
d'autres l'ont fait avec soin : *Summos fuisse in*
civitate nostrâ viros, qui id interpretari populo
& responsitare soliti sint, sed eos magnâ professos,
in parvis esse versatos. Quid enim est tantum
quantum jus civitatis ? Quid autem tam exiguum
quàm est munus hoc eorum qui consuluntur,
quanquam est populo necessarium ; nec verò eos
qui ei muneri præfuerunt universi juris expertes
fuisse existimo ; sed hoc civile, quod vocant, ea-
tenùs exercuerunt, quoad populum præstare vo-
luerunt ; id autem incognitum est, minusque in
usu necessarium. Quamobrem quò me vocas ? aut
quid hortaris ? Ut libellos conficiam de stillici-
diorum, ac parietum jure, aut ut stipulationum
& judiciorum formulas componam ? Quæ & scripta
sunt à multis diligenter & sunt humiliora quàm
illa quæ à vobis exspectari puto. . . . . Quæramus
iisdem de rebus aliquid uberius quàm forensis usus
desiderat. . . . Nam sic habetote, nullo in genere

ame, les devoirs auxquels nous sommes destinés, & pour lesquels nous respirons, les nœuds sacrés qui unissent les hommes, l'espece de société prescrite par la nature.

---

disputandi magis honestè paussri QUID SIT HO-MINI TRIBUTUM NATURA, QUANTAM VIM RERUM OPTIMARUM MENS HUMANA CON-TINEAT, CUJUS MUNERIS COLENDI, EFFI-CIENDIQUE CAUSA NATI, ET IN LUCEM EDITI SIMUS, QUÆ SIT CONJUNCTIO HOMINUM, QUÆ NATURALIS SOCIETAS INTER IPSOS; HIS ENIM EXPLICATIS, FONS LEGUM ET JURIS INVENIRI POTEST. Ce n'est donc point, lui dit Atticus, de l'édit des préteurs ou de la loi des douze tables que doit, suivant vous, dériver la science des loix, mais du sein de la raison: *Non ergo à prætoris edicto, ut plerique nunc, neque à 12 tabulis, ut superiores, sed pènitùs ex intimâ philosophiâ hauriendam juris dis-ciplinam putas.* Cicer. de legibus, n. 4 & 5.

CHAPITRE III.

Source où l'on puise ordinairement la décision des Questions mixtes.

Les arrêts des cours souveraines qui ont jugé plusieurs Questions mixtes, les ouvrages des auteurs qui ont entrepris de traiter ces Questions, sur-tout certains mots mystérieux dont on a cru l'usage absolument nécessaire dans cette matiere importante ; telles sont les sources où l'on puise ordinairement la décision des Questions mixtes.

La plupart des auteurs se sont débarrassés, même sans distinction, de l'autorité des arrêts, & du suffrage des auteurs qui les avoient précédés ; mais tous ont été subjugués par les mots de *ſtatuts réels*, *perſonnels & mixtes*, *de capacités & d'incapacités*. C'eſt derriere ce voile ſingulier qu'il paroît que la vérité & la raiſon ſe ſont ſouvent dérobées à des regards d'ailleurs très - pénétrans. Je marcherai la preuve à la main. Voyons d'abord ſi ces expreſſions, auxquelles il ſemble qu'on ait attribué une eſpece de vertu occulte, ſont utiles à la déciſion des Queſtions mixtes.

Nous examinerons enſuite s'il faut écarter l'autorité des arrêts & le ſuffrage des auteurs.

SECTION PREMIERE.

Les mots de statuts réels, personnels *& mixtes, de* capacités *& d'*incapacités *sont-ils utiles à la décision des Questions mixtes?*

L'AUTEUR d'une fort bonne logique nous dit que les scholastiques, croyant peut-être entendre des matieres qu'ils ne comprenoient pas, étoient assez hardis pour inventer des mots qui exprimassent leurs prétendues idées, & souvent assez accrédités pour leur donner la vogue. Aristote leur en avoit donné l'exemple dans plusieurs de ses ouvrages.

On n'a pas considéré les mots de *statuts réels & personnels* comme l'*abraxas* ou l'*abracadabra*, qui ont

paſſé pour de grands taliſmans ,
ſans qu'il paroiſſe qu'on ſe ſoit
embarraſſé d'en deviner , d'en demander , & ſur-tout d'en donner la
ſignification. On ne les a pas con-
ſidérés comme l'entéléchie d'Ariſ-
tote. Un certain Hermolaus Bar-
barus invoqua, dit - on , le diable
pour découvrir les idées dont ce
mot étoit le ſigne. Les mots de
ſtatuts réels & perſonnels ont paru
très-faciles à entendre & à définir ;
mais quand on traduit en langage
vulgaire ces termes prétendus
techniques dans les différentes occaſions où ils ont été employés,
on cherche en vain la cauſe des
effets qu'une longue poſſeſſion leur
attribue.

Diſtinguons les *ſtatuts* des *capa-*
cités.

ARTICLE PREMIER.

*Des statuts réels, personnels &
mixtes.*

Que les *statuts réels & personnels*
aient été inventés dans des temps
où la plupart des sciences n'étoient
qu'un assemblage de mots extraordinaires, qui servoient au charlata-
nisme à cacher son ignorance, en
suppléant aux idées & à la réflexion ; l'époque de leur naissance
n'est pas un titre pour les pros-
crire.

Je ne prétends pas disputer des
mots ; je desire seulement, toutes
les fois qu'on se servira d'un terme
obscur, pouvoir toujours y substi-
tuer la définition qu'on aura eu la
bonté de m'en faire d'abord.

Mais que veut-on dire par ces

expreffions, *ftatuts réels & perfon-nels*, car je ne parlerai pas d'abord des *mixtes*, qu'on dit être un com-pofé du *réel* & du *perfonnel ?*

On me répond auffi - tôt : Un *ftatut perfonnel*, ou loi perfonnelle, eft un ftatut qui concerne la per-fonne ; un *ftatut réel* eft un ftatut qui concerne la chofe (1).

---

(1) Bourjon, p. 94, dit que d'Argentré, fur l'art. 18 de la coutume de Bretagne, a défini le ftatut réel & le ftatut perfonnel dans la précifion la plus exacte. Son principe le plus général eft que, pour connoître fi le ftatut eft perfonnel ou réel, *quærendum eft an ille cafus in rem vel in perfonam conceptus dici debeat.* C'eft ce que Bourjon appelle un principe très-lumineux.

Cet auteur *ibid.*, ainfi que plufieurs autres, définiffent le ftatut perfonnel, *celui qui affecte univerfellement la perfonne* ; & le ftatut réel, celui qui n'a que les biens pour objet ; mais M. Boullenois, t. 2, p. 507, dit qu'il n'admet pas, *ruditer & indiftincte*, le principe que tout

Cette définition, au premier coup-d'œil, paroît très-simple & très-claire ; cependant on verra par la suite combien il est important de distinguer les différentes idées qu'elle renferme.

Je vois des loix données aux hommes relativement à eux-mêmes, ou relativement aux autres hommes, ou relativement aux choses. Les loix de toutes les sociétés humaines ne sont données

---

statut qui ne regle pas l'état général de la personne soit un statut réel.

Froland, t. 1, p. 51, veut que l'on considere quel est l'objet des statuts, & qu'on voie s'ils regardent la chose même ou seulement la personne, ou tout ensemble la chose & la personne. Dans le premier cas, c'est un statut réel ; dans le second, c'est un statut personnel, & dans le troisieme, c'est un statut mixte, &c.

qu'aux personnes, quoique relativement aux choses.

Lorsque le souverain, par lui ou ceux qui le représentent, ordonne que les édifices soient construits sur un tel plan, certainement c'est aux personnes que ces loix sont adressées. Les loix civiles n'ont pas la prétendue vertu de la lyre d'Amphion, au son de laquelle on a feint que s'étoient élevés d'eux-mêmes les murs de Thebes.

Supposons des loix qui décident que l'on pourra planter des vignes dans tel canton, que dans tel autre on sera obligé de labourer les terres, d'y semer tel ou tel grain, ces loix paroissent avoir pour principal objet les choses, c'est à-dire, les fruits les plus analogues à la nature du sol ; cependant il faut avouer que ces loix mêmes sont données aux hommes, & que leur derniere fin est la société humaine, pour laquelle toutes les loix ont été faites.

Que ceux qui sont prévenus en faveur de leurs *statuts réels & personnels* ne considerent pas cette réflexion comme une subtilité minutieuse, comme une vaine chicane; qu'ils daignent me suivre, ils verront l'importance de cette observation. Ce qui me suffit maintenant, est qu'ils ne puissent se refuser à sa vérité.

Je consentirois volontiers qu'on appellât *statuts personnels* les loix qui concernent les personnes, c'est-à dire, les droits qu'elles ont sur elles-mêmes ou sur les autres. Que les loix données aux hommes rela-

tivement aux chofes fuffent appellées *ftatuts réels*, j'y confentirois
encore ; mais quand on adopteroit
conftamment cette divifion, qui
du moins préfente des idées dif-
tinctes, elle ne rendroit pas plus
facile la décifion des Queftions
mixtes.

Quel eft en effet le but de la
diftinction des *ftatuts réels & perfonnels?* C'eft pour déterminer la
loi ou la jurifdiction que l'on doit
fuivre. Lorfque le ftatut eft décidé
perfonnel, dit M. Boullenois (1),

____

(1) « Quand nous agitons la queftion de
» la perfonalité ou de la réalité des ftatuts,
» c'eft pour difcerner les différens effets des
» ftatuts. Si nous difons qu'un ftatut eft
» plutôt perfonnel que réel, ce ftatut n'agira
» que fur les feuls domiciliés, & pourra,
» par fuite & par conféquence, agir fur les
» biens. Si nous l'eftimons réel, il n'agira

& presque tous les autres auteurs, il n'agit que sur les domiciliés, & il peut agir par conséquence sur leurs biens situés sous une autre loi. Quand il est réel, il n'agit que sur les biens de son territoire, tant vis-à-vis des domiciliés que vis-à-vis des étrangers.

S'il en étoit ainsi, la division pourroit être de quelque utilité. Passons à l'application.

Je ne prendrai point mes exemples dans ce qu'on appelle les droits des personnes sur les choses, parce que parmi les loix ou statuts qui fixent ces droits, les uns sont appellés *réels* par M. Boullenois,

---

» que sur les biens de son territoire, & il » fera loi pour les étrangers comme pour » les domiciliés ». M. Boullenois, traité des statuts, tom. 1, p. 112.

& parce qu'il se perd dans une foule de divisions & de subdivisions pour appeller les autres *personnels.*

Jettons les yeux sur quelques loix qui concernent les droits que les hommes ont sur eux-mêmes ou sur d'autres hommes : il semble que tous les auteurs devroient les appeller *statuts personnels.*

Voyons si ces loix n'agissent que sur les domiciliés dans leurs enclaves, & si elles peuvent agir par conséquence sur les biens situés sous une autre loi.

Les loix concernant la majorité paroissent bien personnelles. En effet, des loix, qui fixent la puberté morale de l'homme, paroissent bien attachées à la personne. Qu'on appelle donc, si l'on veut, ces loix

statuts personnels ; mais qu'en ré-
sultera-t-il pour m'aider à décider
les Questions mixtes relatives à la
majorité ?

Si je pars de ce que dit M. Boullenois, je dois m'attacher à la loi
du domicile. Il n'en est pas ainsi
dans notre droit civil françois :
on suit, pour la majorité, la loi de
l'origine ; & , pour payer par des
mots, on dit qu'on suit le domicile
d'origine.

Je crois du moins qu'il faut toujours suivre la loi de l'origine : cependant celui qui est originaire de
Normandie, qui a vingt ans, &
qui conséquemment est majeur
dans cette province, y est mineur
relativement au mariage. Les ordonnances de nos rois fixent la
majorité à vingt-cinq ans.

Dira-t-on

Dira-t-on que cette loi, étant générale pour tout le royaume, & dérogeant à toutes coutumes, peut être considérée comme loi d'origine? Il n'en est pas moins certain que ce n'est pas la distinction du *statut réel & personnel* qui oblige à suivre la majorité d'ordonnance pour le mariage; c'est la maxime de notre droit public, suivant laquelle les ordonnances générales priment les coutumes particulieres.

Voyons enfin si la loi normande, relative à la majorité, peut agir par conséquence sur les biens situés sous une autre loi; je ne dis pas même sous une loi étrangere, mais sous une loi nationale, sous une coutume voisine; par exemple, sur les biens de Paris.

Il faut être majeur à Paris pour léguer la cinquieme partie de ses propres, & la majorité y est de vingt-cinq ans. La majorité normande agira-t-elle *par conséquence* sur les biens parisiens ? Non. La prétendue regle de M. Boullenois & de tant d'autres est en défaut. Le majeur normand est à cet égard considéré à Paris comme mineur, s'il n'a pas vingt-cinq ans.

Ne suis-je donc pas bien instruit quand on me dit que les loix concernant la majorité sont des *statuts personnels ?* Ces mots ne sont-ils pas bien essentiels pour distinguer quelle est la loi locale qui doit déterminer la majorité ?

Faut-il un autre exemple ? Les loix contre les assassins sont certainement relatives aux personnes.

Elles ont pour but de venger, autant qu'il est possible, l'infortuné qui a été l'objet du crime, de punir le coupable, d'intimider les scélérats qui méditeroient de pareils forfaits, d'empêcher ainsi le meurtre des hommes. Tout semble personnel.

Cependant qu'un italien domicilié en Italie assassine en France un autre italien aussi domicilié en Italie, ou tout autre homme, les auteurs conviennent qu'on exécutera justement la loi françoise sur l'italien, quoique non domicilié. Le malheureux subira la peine portée par la loi françoise. Suivant la distinction de M. Boullenois, elle ne devoit pourtant pas ordonner le supplice de l'italien, puisque le *statut personnel* ne frappe que sur le domicilié ; & l'italien n'avoit pas son domicile en France.

Comment veut-on encore appliquer cette division & son effet prétendu aux loix qui sont données aux hommes relativement aux choses, & qu'une multitude d'auteurs, par une multitude de divisions, de distinctions & d'injures, s'efforcent de mettre, les uns au rang des *statuts personnels*, les autres au rang des *statuts réels* ?

ARTICLE II.

Des capacités & incapacités.

PRESQUE tous les auteurs se laissent égarer par la fausse lumiere que les mots de *capacité & d'incapacité* leur présentent.

J'ai déja fait observer que les loix sont données seulement à la personne. On peut dire que la *capacité* ou l'*habilité* pour tous actes naturels & civils est attachée à la personne. Les auteurs ont donc raison de dire en ce sens que la capacité est personnelle ; mais en doivent-ils conclure sans distinction qu'un homme capable dans le lieu de son domicile l'est en tous lieux ? Je ne le crois point, & je pense avoir raison de ne le pas croire.

'En vain Bourjon (1) me dit que

____

(1) « La loi du domicile régit la personne, » c'est-à-dire, son état & sa *capacité*. C'est » la personne qui est son objet & non les » biens. . . . . Cette loi suit la personne & » la régit, dans tel lieu qu'elle soit ». Bourjon, tom. 1, tit. 10, ch. 1, n. 1 & 2. Il cite, entre autres, Louet & Brodeau, & les consultations de Duplessis, qui remontent jusqu'à Barthole. *Quotiescumque de capacitate aut habilitate personarum quæritur , domicilii leges & statuta spectantur.* Barthol. sur la loi *Cunctos*

la loi du domicile connoît mieux le génie de son sujet.

En vain Ricard me dit qu'une loi, en interdisant quelques dispositions, ne l'a fait que par une raison politique & personnelle (1).

La vérité de ces réflexions n'ôte rien à la vérité des réflexions ulté-

---

populos de summâ trinitate. « C'est que cette » loi connoît les personnes qui sont soumises » à sa puissance, & a réglé ses dispositions » sur leurs génies. Bourjon, *ibid.*, n. 3.

(1) « Si la capacité du donateur est ré- » voquée en doute, elle doit être réglée par » la coutume de son domicile ; c'est elle qui » lui donne ou qui lui refuse l'*habilité* néces- » faire pour disposer de ses biens, sa personne » étant absolument soumise à ses loix ; & si » la coutume, après avoir permis en général » l'usage des testamens & des donations, l'in- » terdit dans le particulier à quelques-uns, » c'est *par une raison politique & personnelle* ». Ricard, du don mutuel, n. 311.

rieures qu'il semble que ces auteurs auroient pu faire.

Chaque loi a sa raison politique ; chaque loi est dictée par son génie particulier : elle a droit d'exiger des personnes qui acquierent des biens dans son empire telle ou telle condition , quel que soit leur domicile.

M. Boullenois a bien vu que l'on ne portoit pas toujours sa capacité dans tous les lieux : il a recours à son expédient ordinaire , c'est-à-dire, à des distinctions de mots (1).

____

(1) « *La capacité générale & d'état*, de faire
» tous les actes de la société civile , se prend
» de la loi du domicile : proposition incon-
» testable. ... L'homme capable par état porte
» cette capacité par-tout. L'homme incapable
» par état porte pareillement cette incapa-
» cité d'état par-tout : voilà qui est uniforme.
» Je dis, en premier lieu, que l'homme

Les *capacités particulieres réelles* ne suivent pas la loi du domicile,

---

» capable par état porte cette capacité par-
» tout, parce que l'état de l'homme est attaché
» & inhérent en sa personne ; que par-tout il
» est tel que la loi de son domicile le déclare
» & le constitue, & que sa personne & son
» état ne dépendent absolument que de cette
« loi ». M. Boull. t. 2, p. 95.

Comment M. Boullenois considere-t-il ces principes comme incontestables, lorsque lui-même (p. 97) dit que « si la capacité d'état
» se porte par-tout, c'est plutôt par un con-
» cert de toutes les nations, nécessaire pour
» le bien général, que par une raison de droit
» & de principe, puisqu'au contraire les prin-
» cipes veulent que les loix n'aient de vertu ,
» de force & d'efficacité que dans l'étendue
» de leur territoire ». Toutes les nations de l'Europe n'adoptent pas sans distinction les qualités civiles des étrangers, quoique euro-péens, *à fortiori* les autres nations.

« L'homme capable par état peut avoir des
» biens situés en coutumes qui ne permettent
» pas à celui même qui est capable par état
» d'en disposer en certains cas & au profit de
» certaines personnes ; & cette loi , qui ne

comme les *capacités générales &*
d'état : c'eft la fituation des chofes

» trouble pas l'état de la perfonne , & qui ne
» fait qu'en gêner & limiter l'exercice , eft
» une *difpofition réelle* qui n'affecte que les
» biens. . . . . *Afficientia ad actum particularem*
» *non agit in univerfum ftatum perfonæ.* D'Arg.
art. 218 , gl. 6 , n. 14.

« Il peut arriver même que la loi du domi-
» cile qui déclarera un homme capable par
» état le déclarera en même temps incapable
» de difpofer de certains biens particuliers.
» Cet homme ne pourra pas difpofer de fes
» biens fitués dans le lieu de fon domicile, &
» il pourra néanmoins difpofer des biens qu'il
» aura dans d'autres coutumes , parce que ,
» dans ces coutumes, il ne rencontrera aucun
» obftacle à l'exercice des actes que lui per-
» met fa capacité d'état , & que l'incapacité
» de la loi du domicile n'eft qu'une *incapacité*
» *particuliere & réelle* qui n'anéantit pas la ca-
» pacité d'état que l'homme porte par-tout
» où il ne trouve pas de difpofition prohi-
» bitive ». *Ibid.* p. 96.

Enfin voici comme M. Boullenois prouve
que l'incapable par état eft incapable par-tout
& pour tous actes. « L'incapacité d'état eft

qui décide de ces *capacités particulieres réelles.*

» une impuissance totale & entiere. L'inca-
» pable par état d'agir ressemble à un homme
» qui est perclus de ses membres ; il est im-
» potent en quelque endroit qu'on le transf-
» porte. En vain la loi de la situation per-
» mettroit à l'incapable par état de donner :
» cette loi, qui n'a ni autorité ni empire sur
» la personne, ne sauroit l'affecter d'aucune
» capacité d'état ; son incapacité est une plaie
» générale dont la cure en tout ou partie
» dépend entiérement de la loi du domicile ».
Ibid.

Comparaison n'est pas raison, a-t-on dit :
une comparaison ne donne point une preuve.
Il semble que ces réflexions ne peuvent s'appliquer qu'aux incapacités naturelles. L'im-
bécille & le furieux, dans quelque lieu qu'on
les transplante, sont incapables d'effets civils ;
mais ces incapacités naturelles sont de tous les
lieux ; elles ne dépendent point du domicile.
Voilà les seuls inhabiles moralement qu'on
puisse comparer à l'homme *perclus de ses
membres, qui est impotent en quelque endroit qu'on
e transporte.*

Je préfere M. Froland, qui fait
la réflexion fimple (1) que la plupart des loix font relatives à la capacité des perfonnes, & que fi on
s'attachoit à cette confidération, il
faudroit décider toutes les Queftions mixtes par la loi du domicile.

M. Cochin s'explique plus clairement que M. Boullenois. Il dit (2)

---

(1) « Je lui réponds que fi fon raifon-
» nement étoit jufte, il n'y auroit plus, à
» proprement parler, que des ftatuts perfon-
» nels, & qu'il en faudroit néceffairement
» communiquer la nature & les effets à ceux
» que nos cours ont tant de fois jugé réels,
» parce qu'il n'y a point de cas où il ne foit
» queftion en quelque maniere de la capacité
» de l'homme ». M. Froland, Mémoires concernant la qualité des ftatuts, p. 944. *Vid.* 942.

(2) « Il eft vrai qu'en général la capacité
» dépend de la loi du domicile & non de celle
» de la fituation des biens ; mais cela eft bon
» pour cette capacité, qui regarde *principa-*
» *lement la perfonne*, comme la majorité, la

que la *capacité qui regarde la personne principalement*, comme la
majorité, la capacité d'ester en
jugement, c'est-à-dire, de plaider
dans les tribunaux, dépend de la
loi du domicile, non la capacité
qui n'a pour objet que certains
biens.

M. Bouhier suit le même sys-
tême (1).

» capacité d'ester en jugement ; mais lorsque
» cette capacité n'a pour objet que de régler
» la disposition de certains biens, alors il est
» impossible de rejetter la loi de la situation
» pour ne consulter que celle du domicile ».
M. Cochin, t. 1, p. 546.

(1) « Une premiere marque à laquelle on
» peut reconnoître la personnalité d'un statut,
» c'est quand il a été fait pour déterminer en
» *général* l'état ou la condition des personnes,
» & leur capacité ou incapacité pour disposer
» de leurs biens. . . . Il faut tenir pour cons-
» tant que la capacité ou incapacité que la

Cependant toutes les capacités ou incapacités, qui *regardent la per-* *fonne principalement*, ne fe reglent certainement pas toujours par la loi

---

» loi du domicile a imprimée fur la perfonne » la fuit en tous lieux ». M. Bouhier, c. 24, n. 1 & 2.

Il n'eft pas inutile d'entendre encore differ-ter fur la capacité ce même auteur, d'ailleurs très-éclairé. Il prétend que « la capacité eft » une qualité individue qui affecte la per-» fonne par rapport à tous les actes de même » qualité qu'elle voudroit faire : ainfi, dès » qu'elle eft déclarée *capable pour une partie ,* » *elle l'eft pour le tout ;* & fi elle eft empêchée » d'exercer ce pouvoir fur certaines chofes, » cela peut bien lui lier les mains à cet égard, » mais ne lui ôte pas la *capacité générale* de le » faire. Cet obftacle ne forme point une in-» capacité , mais un fimple empêchement » qui, en cas de contravention, opere une » nullité de l'acte non abfolue, mais refpec-» tive , & qui regarde uniquement l'intérêt » de ceux en faveur de qui l'empêchement » eft fait ». Ch. 30, n. 21.

du domicile. Qu'un catholique, né & domicilié en Angleterre, y soit par la loi déclaré incapable ou indigne des honneurs, certainement cette loi *regarde la personne principalement*. Qu'il vienne en France, son incapacité, son indignité, purement locales, ne passeront pas les mers.

M. Boullenois compare l'*incapacité* à la maladie qui suit l'homme dans tous les pays où il se transplante (1); il porte en tous lieux la fleche meurtriere. La seule incapacité qui suive ainsi l'homme est celle qui est naturelle, comme la folie.

Il faut donc puiser ailleurs que dans ces mots mystérieux la décision des Questions mixtes.

____

(1) *Vid.* pag. 34, note.

Voyons maintenant de quel poids doivent être dans cette matiere l'autorité des arrêts & le suffrage des auteurs.

SECTION II.

Faut-il écarter l'autorité des arrêts ?

LA chofe jugée eft confidérée comme une vérité, dit un axiôme de droit (1) ; c'eft relativement à ceux qui ont été parties ; auffi, lorfqu'on citoit un arrêt, M. de Thou, premier préfident, difoit : *Bon pour lui* (2), bon pour celui qui l'a obtenu.

---

(1) *Standum eft rei judicatæ. Res enim judicata pro veritate habetur.* L. 207 , de diverfis reg. juris.

(2) « Notre bon & fage premier préfident

Dans la matiere que nous traitons, il faut, suivant le préfident
Bouhier (1), oublier un moment

» de Thou, quand un avocat plaidant fe pré-
» valoit d'un arrêt donné en cas femblable
» au profit de quelqu'un, avoit accoutumé
» de dire: *Bon pour lui*, & commandoit que,
» fans s'arrêter à cela, l'avocat défendit
» fa caufe par bonnes & valables raifons.
» Sentence qui ne mérite pas d'être moins
» *trompettée* que le *cui bono* du vieux jurifcon-
» fulte Caffius, tant folemnifé par Ciceron ».
Lettres de Pafquier, liv. 19, lett. 15.

(1) « Je crois, dit M. Bouhier, ch. 23,
» n. 21, avec M. Froland, qu'il faut oublier
» pour un moment le refpect & la déférence
» que l'on doit avoir pour les chofes jugées.
» N'eft-il pas, en effet, plus convenable de
» ramener la jurifprudence des arrêts aux
» principes, que de réduire les principes à la
» jurifprudence des arrêts.

» L'expérience m'a appris, dit le même
» auteur, ch. 24, n. 79, que les compagnies
» qui les rendent ne cedent à leur autorité
» que quand, d'ailleurs, elles les trouvent

le reſpect dû aux choſes jugées, & ſoumettre la juriſprudence aux principes. Le génie s'éleve au-deſſus des exemples.

Pluſieurs fois il fut témoin qu'on avoit peu d'égards aux arrêts cités s'ils n'étoient pas conformes aux regles.

M. Boullenois obſerve (1) qu'on ne peut connoître parfaitement les faits & les eſpeces des arrêts. Se

---

» conformes aux regles. Il n'y a que les
» petits génies qui ſe rendent aux exemples
» ſans examen : *Plebeia ingenia magis exemplis*
» *quàm ratione capiuntur* , diſoit un ancien ».
Macrob. ſaturn. 7 & 4.

(1) « Pour la déciſion de toutes ces queſ-
» tions, je crois que c'eſt s'embarraſſer que
» de ſe jetter dans la diſcuſſion des arrêts
» qui ont été rendus en cette matiere, dont
» nous ne ſaurions parfaitement ſavoir les
» eſpeces & les faits particuliers ». M. Boullenois, t. 1 , p. 795.

livrer à leur difcuffion eſt ſe jetter dans un vain embarras.

On peut dire avec M. Froland, qu'il eſt fort triſte pour un juriſconſulte, lorſqu'on demande ſon avis ſur une queſtion, de répondre ſeulement : *On juge ainſi à Paris, on juge le contraire à Rouen.* Je ris avec lui de ſa comparaiſon ; c'eſt comme ſi un médecin, conſulté ſur une maladie, répondoit : *Les traitemens ſont différens, ſuivant les pays. A Rouen on purge, à Paris l'on ſaigne.*

J'obſerverai cependant que la nature, qui eſt le juge du médecin, n'eſt point ſujette à l'erreur. Si le médecin a bien vu, s'il a trouvé le vrai remede, ſon juge répond conſtamment à ſes efforts.

Le juriſconſulte n'a pas le même

avantage ; le juge peut décider comme lui, & tous deux peuvent avoir tort. La vérité que le jurisconsulte doit mettre dans ses réponses n'entraînera pas toujours la décision du juge.

Il est donc important que le jurisconsulte dise : *On purge à Rouen & l'on saigne à Paris* , quoiqu'il doive démontrer, aussi - tôt qu'il est nécessaire, qu'en bonne regle un des traitemens est le meilleur, ou qu'on devroit suivre une autre méthode.

Au surplus, le jurisconsulte ne doit jamais perdre de vue que souvent les arrêts sont rendus après une très - ample discussion : l'intérêt , aux yeux de Lynx, l'a d'abord préparée à d'anciens jurisconsultes , & ensuite à des magiſtrats éclairés. Il faut donc ſe livrer à l'examen le plus appro-fondi avant d'écarter des autorités auſſi reſpectables, quand il paroît conſtant que la queſtion de droit a été jugée.

SECTION III.

Faut-il écarter le ſuffrage des auteurs ?

Plus habiles à détruire qu'à édi-fier, ceux qui ont voulu bâtir ſur ce terrein immenſe ont commencé par le couvrir de décombres. Au lieu de les déblayer, en conſervant pluſieurs matériaux précieux qui méritoient d'être recueillis avec ſoin, ils ſe ſont empreſſés de conſ-truire de nouveaux édifices ſur des fondemens chancelans & ruineux. Tous ces édifices ont été presque entiérement renversés avec la facilité dont leurs architectes avoient donné l'exemple.

M. Boullenois dit que, pour bien traiter ces Questions, il faut les dégager des *ambages* de nos auteurs (1).

____

(1) « A l'égard de nos auteurs, c'est se
» mettre hors d'état de parvenir à une déci-
» sion vraie & solide, que de vouloir décider
» par leur autorité. Ils sont tous si peu d'ac-
» cord entre eux, qu'ils se détruisent & se
» contredisent les uns les autres ; & je dirai,
» avec le prince de l'éloquence : *Non tam*
» *autores in disputando quàm rationis monumenta*
» *quærenda sunt.* Lib. 1, de natura deorum.
» Je crois donc qu'il faut examiner ces ques-
» tions dans une simplicité débarrassée des
» ambages que nos auteurs y mettent, &
» raisonner par des motifs d'utilité & de bien
» public, toujours supérieurs aux considé-
» rations particulieres, & devant lesquels
» la sévérité des conséquences qui résultent

M. Bouhier rougit de ce que les savans fléchissent ainsi sous l'autorité du grand nombre (1). On doit peser les raisons & ne pas compter les suffrages.

Enfin ces deux auteurs prétendent que, pour bien raisonner sur cette matiere, il faut oublier ce qu'on a lu (2); c'est une loi qu'ils

---

» de certains principes généraux doit natu-» rellement plier & se soumettre ». M. Boullenois, t. 1, p. 795.

(1) « Je rougis, dit M. Bouhier, c. 26, » n. 192, de voir ainsi les savans fléchir » sous l'autorité du grand nombre, au lieu » de s'arrêter à peser leurs raisons, & de ne » se rendre qu'à l'évidence ». Il cite le passage de Ciceron rapporté par M. Boullenois.

(2) M. Bouhier croit, avec M. Boullenois, qu'il faut suivre la méthode de Descartes, oublier ce qu'on a lu, & se livrer à la méditation. Voy. le ch. 23, n. 11 jusqu'au 23.

Voyez l'observ. 1 de M. Boullenois sur le

ne croyoient pas ſans doute qu'on dût leur appliquer : ils avoient raiſon à beaucoup d'égards.

Preſque tous ceux qui ont traité ces Queſtions ſe ſont flattés d'avoir mis les premiers en culture un champ que les autres avoient inutilement voulu défricher.

Dumoulin frappe à coups redoublés ſur les auteurs qu'il rencontre dans ſa route.

D'Argentré, qui entre enſuite dans la carriere avec grand appareil, ſuivant les expreſſions de M. Bouhier, reproche à Dumoulin de mettre en pieces les preuves dont ſe ſervent les autres auteurs, comme un ſanglier déchire de

---

premier chapitre de Rodenburgh, t. 1, p. 15. C'eſt le traité de Rodenburgh traduit qui fait le fonds de l'ouvrage de M. Boullenois.

foibles chiens, de faire cependant usage de raisons & d'autorités qui ne prouvent point sa these (1).

Vandermeulen reproche à d'Argentré & à Dumoulin leur confiance & leur opiniâtreté (2).

M. Froland se flatte *d'avoir rompu, comme on dit ordinairement, la glace.*

M. Boullenois, qui paroît rire de ces expressions (3), croit avoir

------

(1) Voici les expressions de M. d'Argentré, art. 218, gl. 5, n. 32 : *Utitur rationibus & auctoritatibus, meo quidem judicio, alienis ab eo quod intendit, magis dico etiam pugnantibus : adversarias quidem ille verbis sic proterit, quomodo aper imbelles canes, credo cogitationibus, & ingenii confidentiâ fretus.*

(2) Voyez M. Froland, p. 311.

(3) « M. Froland, dit M. Boullenois, t. 1, » p. 16, insinue assez clairement que ceux » qui ont écrit avant lui n'ont fait que glisser

seul

seul mis à fin l'entreprise (1).

M. Bouhier, qui combat si souvent M. Boullenois, est dans la même confiance (2).

» sur les difficultés ; car il espere que le » public aura la bonté de lui conserver la » place qui appartient, dit - il, aux auteurs » qui, les premiers, ont fendu, comme on » dit ordinairement, la glace ».

(1) Il observe que, dans la question 6 de son traité de la démission de biens, publié avant l'ouvrage de M. Froland, il l'avoit présenté comme le précis & l'extrait des principes les plus ordinaires & les plus universellement reçus dans la matiere des statuts. « C'est un petit ruisseau, j'en conviens ; mais » ceux qui craignent de perdre pied & d'être » ensevelis sous la glace pourront du moins » ne pas quitter les deux bords ».

Le ruisseau est devenu fleuve dans le traité de la personnalité.

(2) « Comme leurs systêmes (dit M. le président Bouhier, dans sa préf., p. 5, en parlant de MM. Boullenois, Froland, de d'Argentré & de Dumoulin) » ne sont pas conformes en

Il est rare que MM. Bouhier & Boullenois admettent les mêmes principes (1), ou que des mêmes

---

» beaucoup de chofes , & qu'ils en con-
» viennent eux - mêmes, qu'il y a plufieurs
» difficultés fur lefquelles ils n'ont pu fe fa-
» tisfaire , enforte que , felon eux , il n'eft
» guere poffible de s'y faire des regles qui
» aient une application bien certaine , cela
» m'a donné lieu d'examiner de plus près
» cette matiere. Les longues & mûres réfle-
» xions que j'y ai faites m'ont fait croire qu'il
» n'étoit pas impoffible de *s'ouvrir une route*
» *nouvelle* pour trouver fur ce point des
» principes fixes qu'on a jufqu'à préfent inu-
» tilement cherchés.

» Il paroît donc néceffaire , ajoute cet
» auteur, ch. 23 , n. 20, d'examiner de nou-
» veau la matiere, afin de rejetter les prin-
» cipes dont on ne fera pas convenu, & de
» tâcher d'en trouver d'autres fur lefquels on
» puiffe compter plus fûrement ».

(1) « Quoiqu'en traitant la matiere de la
» réalité ou de la perfonnalité des coutumes,
» j'aie cru devoir prendre une autre route
» que celle que vous nous avez tracée, je

principes ils tirent les mêmes conséquences. Quelquefois ils arrivent
au même but : on en est étonné ;
tant les routes qu'ils avoient prises
étoient différentes.

Si, comme on l'a dit, la fermen-
tation des opinions contraires fait
éclorre la vérité, je ne dois pas
m'être inutilement livré à sa re-
cherche.

Mais donnons une notion générale des opinions des différens
auteurs.

» n'ai pas laissé de vous rendre par-tout la
» justice qui est due à votre mérite & à vos
» savantes recherches ». Lettre de M. Bouhier à M. Boullenois, avertissement de l'éditeur de M. Boullenois, p. ix.

Dans le chapitre 23, M. Bouhier critique
la subtilité des regles qu'on a voulu établir
dans cette matiere : il n'approuve pas les distinctions de M. Boullenois.

Parmi les anciens, je choisirai Barthole, Dumoulin, d'Argentré; parmi les modernes, MM. d'Aguesseau, Froland, Boullenois, Bouhier & Prevot de la Jannés.

On verra par foi-même l'usage qu'on en peut faire.

ARTICLE PREMIER.

Opinion de Barthole.

BARTHOLE, que l'on appelloit la *lanterne de droit* (1), & qui, suivant Jason, ne mentoit jamais, avoit imaginé un moyen singuliérement efficace pour distinguer les *statuts réels* des *statuts personnels.*

____

(1) « Aussi est-il appellé *lucerna juris*, & » quelques auteurs, comme Jason, ont été » jusqu'à dire que Barthole n'avoit jamais » menti, *semper dicit veritatem*. Boullenois, » t. 1, p. 16.

Il faut avouer que ces docteurs avoient des reſſources étonnantes dans l'eſprit. Dites : la ſucceſſion appartient à l'aîné ; c'eſt un *ſtatut réel*, parce que la choſe eſt miſe avant la perſonne. Dites : l'aîné aura la ſucceſſion ; c'eſt un *ſtatut perſonnel*, parce que la perſonne eſt miſe avant la choſe. Le différent arrangement des mots fait la différence du ſtatut (1).

-----

(1) « Voici de quelle maniere il (Barthole)
» dit qu'il faut s'y prendre pour diſtinguer
» les ſtatuts. Il veut qu'en pareil cas on exa-
» mine dans quels termes ils ſont conçus ,
» que le ſtatut ſoit perſonnel quand ſa diſ-
» poſition commence par enviſager la per-
» ſonne, & qu'au contraire il ſoit réel quand
» d'abord il enviſage dans ſa dipoſition la
» choſe même.

» Si, par exemple, il ordonne que le frere
» aîné ait les deux parts dans le partage qu'il
» fait de la ſucceſſion paternelle ou mater-

De favans docteurs ont prouvé, par longues & bonnes raifons, que Barthole & fes partifans avoient tort.

D'Argentré y a épuifé fa latinité pleine d'élégance (1). Il triomphe

---

» nelle avec fes puînés, *primogenitus auferat* » *duas partes hæreditatis*, en ce cas il fera ré- » puté perfonnel ; & , *è contra*, s'il porte que » les deux parts de l'hérédité appartiendront » à celui qui fera le premier né, *duæ partes* » *hæreditatis auferantur à primogenito*, alors il » fera mis au rang des ftatuts perfonnels ». Froland, c. 3 , p. 29.

Plufieurs docteurs ont fuivi l'opinion de Barthole. Voy. Frol. p. 31. Le plus grand nombre l'a combattue. P. 30 & fuiv. Voyez Boullenois, t. 1, p. 19, & Dumoulin fur la premiere loi du code.

(1) *Pudeat pueros talia aut fentire aut docere, nec viros fapientes oportet ludere fophifticà aut præftigiis verborum.* Art. 218 , §. 6 , n. 16. *Ridere vulgò folent cum dicitur jus atrum aut atrum jus diverfa dicere volenti. . . .* (C'eft ce que nous difons proverbialement, jus verd & verd jus,

de cette opinion bizâre. Qui le
blâmera, quand M. Froland nous
dit (1) avoir entendu cent fois

---

dit Boullenois, qui rapporte ce passage, t. 1 ,
p. 20.) *Nec enim à verborum structurâ talia me-*
tienda sunt, sed à subjecto & materiâ quæ in pro-
positione est. Invertas, subvertas, evertas orationem,
facere non possis quin de dividendâ hæreditate
agatur. N. 24.

   (1) « Combien de fois ai-je entendu faire
» son éloge & vu lui rendre des honneurs
» incroyables, tant au parlement de Rouen,
» où j'ai fait la profession d'avocat pendant
» dix ans, qu'au parlement de Paris, où je
» l'exerce depuis trente-cinq années entieres.
» C'est ce que j'ai vu cent & cent fois, & ce
» qui, souvent, m'a fait penser à ce facétieux,
» qui disoit qu'il en étoit des opinions du
» barreau comme des femmes, dont la moins
» aimable ne laissoit pas de trouver des adora-
» teurs dans les pressans besoins que l'homme
» en avoit. Je dirai plus ; j'ai vu des orateurs
» faire valoir l'opinion de Barthole avec tant
» d'art, & lui donner tant de lustre, par l'au-
» torité qu'il méritoit par lui-même, & par
» celle de ses sectateurs, que l'esprit des juges

l'éloge de cette maxime de Barthole, soit au parlement de Paris,
soit au parlement de Rouen.

M. Boullenois, qui s'éleve avec
tant de force contre l'opinion de
Barthole, relativement aux *statuts
réels & personnels*, n'a pas vu sans
doute que les mots de *capacité &
d'incapacité* étoient aussi sortis de
cette *lanterne de droit* (1).

Dirons-nous qu'aux reproches
multipliés, faits par tant d'auteurs
à cette opinion, les partisans de
Barthole auroient encore pu répondre. Au milieu de l'épaisse obs-
curité répandue sur les Questions
mixtes, & que tant de dissertations,
hérissées de subtilités & de mots

» en étoit quelquefois touché ». M. Froland,
p. 38.

(1) Voyez p. 29, note.

mal définis, n'ont fait qu'augmenter encore, ils présentoient du moins un moyen de décider, aussi prompt que facile. C'est ainsi que celui qui, dans Rabelais, jugeoit les procès avec les dés, prétendoit démontrer que sa méthode en valoit bien une autre.

ARTICLE II.

Opinion de Dumoulin.

DUMOULIN a fait la distinction ordinaire de *statuts réels &* *personnels* (1); mais le bon sens

---

(1) *Aut statutum agit in rem, & quâcumque verborum formulâ utatur, semper inspicitur locus ubi est sita. . . . Aut statutum agit in personam, & tum non includit exteros, sive habilitet, sive inhabilitet personas. . . . Sublimito cùm statutum non fundaretur in solâ voluntate,* SIC VOLO, SIC JUBEO, *nec solâ ratione conservandorum bonorum*

éleve souvent ce judicieux auteur au-deffus de fon fiecle. C'eft le mont Hecla qui, par fes feux, perce les glaces & les neiges dont il eft couvert.

Il a vu que les loix civiles, qui renfermoient des regles d'équité naturelle univerfellement reçues, devoient avoir la plus grande extenfion (1). Peut-être n'étoit-il pas

---

fui territorii, fed in ratione boni univerfi, & in caufâ habente concurfum juftitiæ naturalis, vel juris communis. Molinæus, comm. in juft. L. 1, cod. t. 1, conclufiones de ftatutis & confuetudinibus local.

(1) M. Bouhier, c. 23, n. 60, explique cette extenfion de coutume ou de ftatuts, fondée fur le droit naturel & public, que Dumoulin admet dans la note précédente. « On peut dire que l'extenfion des coutumes (ce qui forme la perfonnalité, en partant de fa diftinction) » eft fondée fur une efpece de » droit des gens & de bienféance, en vertu

nécessaire d'avoir recours à cette extension, l'équité naturelle étant de tous les pays.

Il a vu qu'on devoit suivre la convention expresse ou tacite (1).

Il a vu enfin, après le juriscon-

» duquel les différens peuples font tacitement
» d'accord de souffrir cette extension de cou-
» tume à coutume toutes les fois que l'équité
» & l'utilité commune le demanderoient, à
» moins que celle où l'extension seroit de-
» mandée ne contînt en ce cas une disposition
» prohibitive. Ces motifs d'équité & d'utilité
» publique font les vrais fondemens de la
» personnalité des coutumes ... M. Bouhier
cite ici Dumoulin, Coquille & Ricard. Mais
chaque légiflateur n'a-t-il pas eu en vue l'utilité de fon pays ? Quant au droit naturel ou
des gens, il eft de toutes les nations ; il femble
qu'on n'a pas befoin, pour l'exercer ou pour
l'admettre, d'avoir recours à l'extension d'une
coutume fur une autre.

(1) *Quilibet contractus, five tacitus, five ex-
prefsus, ligat perfonam & res difponentis ubique*
conf. 53.

sulte Alexandre , que toutes les loix civiles doivent être renfermées dans leurs territoires (1).

Mais , soit qu'il tînt encore trop aux mots reçus , soit qu'il fût entraîné par la rapidité de la composition , il n'a pas toujours fait l'application de ces principes ; il ne les a pas assez pressés pour en tirer toutes les conséquences qu'on pou-

---

(1) *Sive statutum loquatur in rem , sive in personam , habeat locum in bonis positis in territorio statuentium & non in aliis.* Et Dumoulin fait cette remarque : *Hæc vera opinio , rejectâ verbali distinctione Bartholi , an loquatur lex in rem vel in personam ; sed teneas indistinctè , quod statuta vel consuetudines tanquam reales non extenduntur extrà sua territoria , & itâ practicamus.* Vid. cons. 16, Alexand. M. Boullenois rapporte la même remarque de Dumoulin , p. 19, t. 1.

Et sicut statutum excludit itâ includit forenses pro rebus sibi subjectis , sive loquatur in rem , sive in personam. In cons. Alex. cons. 41, lib. 7.

voit en faire sortir ; c'est ce que nous verrons dans le détail des questions particulieres.

ARTICLE III.

Opinion de d'Argentré.

D'Argentré admet aussi les *statuts réels & personnels.*

Il commence par dire que lorsqu'il est question des immeubles, on doit suivre les loix, les coutumes du territoire. Il en est autrement lorsqu'il est question du droit des personnes ; c'est le juge du domicile qui doit décider, & la décision de ce juge du domicile doit s'exécuter en tous lieux (1).

____

(1) *Cùm de rebus soli, id est, immobilibus agitur,* qu'ils appellent d'héritage *, & diversæ diversarum possessionum loca & situs proponuntur in acquirendis, transferendis, aut asserendis dominiis, & in controversiâ, ex quo jure regantur,*

A la distinction des *statuts réels* & *personnels* , d'Argentré ajoute des statuts mixtes (1).

---

certissima usu observatio est id jus de pluribus spectari quod loci est , & suas cuique loco , leges , statuta & consuetudines servandas , & qui cuique mores de rebus territorio & potestatis finibus sint recepti , sic ut de talibus nulla cujusquam potestas sit , præter territorii legem. Sic in contractibus , sic in testamentis , sic in commerciis omnibus & locis conveniendi constitutum : ne contra sitûs legem in immobilibus quidquam decerni possit privato consensu , & par est sic judicari. . . . Sed alia ratio est de personarum jure , in quo & mobilia continentur , quia talia non alio jure habentur , quàm persona ipsa , & ideò legem ab domicilii loco capiunt , quare cùm de personæ jure aut habilitate quæritur ad actus civiles , in universum ea judicis ejus potestas est qui domicilio judicat , id est , cui persona subjicitur , qui sic de eo statuere potest , ut quod edixerit , judicarit , ordinarit de personarum jure , ubicumque obtineat , quòcumque se persona contulerit , propter afficientiam personæ ; sic enim loquamur. D'Argentré , art. 218 , n. 2 , 3 , 4 & 5.

(1) *Sed in eâ distinctione tertium quod erat adjiciendum membrum omiserunt , valdè illud ne-*

Dans la derniere analyse, les statuts réels concernent les choses,

---

cessarium de his dispositionibus, quæ in rem quidem conceptæ reperiuntur, sed tamen rerum in his consideratio præcipua est, qui casus mixtus est de personis & rebus. . . . cujusmodi casus cùm incidunt & de dominiis transferendis agitur, posterior est personarum consideratio, & statuta locorum de rebus pervincunt. N. 5 & 6.

Il donne pour exemple, n. 7 des statuts personnels, la majorité, l'incapacité de s'obliger, de la part d'une femme mariée, ou de ceux qui sont sous la puissance d'autrui, l'interdiction du prodigue.

Il donne pour exemple des statuts réels, n. 8, les successions, les donations, les testamens, pourvu qu'il soit question d'immeubles, c'est-à-dire, d'objets attachés à la terre, *de rebus soli*; car s'il etoit question de meubles, le statut pourroit être considéré comme personnel : *Nam si de mobilibus solùm quæreretur, posset videri in totum esse personale.*

Enfin il donne pour exemple des statuts mixtes, le cas où le changement de personne fait changer les partages d'une terre, quand les héritiers roturiers partagent également, & les nobles inégalement ; il ne regarde

c'est-à-dire, les immeubles (est-ce que les meubles ne font pas des chofes ?) Les ftatuts perfonnels concernent les perfonnes, abftrac- tion faite de toute matiere réelle.

Les ftatuts mixtes ne femblent pas une invention merveilleufe pour éclaircir la matiere. Ces fta- tuts mixtes font en même temps perfonnels & réels.

D'Argentré ne paroît avoir ima- giné fes ftatuts mixtes que pour mettre au rang des ftatuts réels

comme perfonnels que les ftatuts où il s'agit de l'état des perfonnes, fans aucun mélange de chofes immeubles.

Denique, ut perfonalia fint, purè de perfo- narum ftatu agi oportet citrà rerum immobilium mixturam, & abftractè ab omni materiá reali. Nam fi itá ftatuas, minor eft quòd intrà viginti annos natus eft, perfonale eft; fi itá, minor ne immobile alienet quod intra ftatuti territorium fit, mixtum fit de re & perfoná. N. 8.

tous les ftatuts concernant la perfonne où il étoit queftion de chofes
immobiliaires (1). C'eft ce qui n'a

---

(1) Il renferme les ftatuts mixtes dans le
territoire: *Quæ realia aut mixta funt, haud dubiè
locorum & rerum fitum fic fpeftant, ut aliis legibus
quàm territorii judicari non poffint. Terminos quidem legiflatoris populi non excedunt ; fed nec
viciffim exceduntur ipfa ; & ut infinita fit commer-
ciorum libertas jure romano, contraftibus, tefta-
mentis, negotiationibus, tamen ea fic infringitur,
ut moribus & legibus locorum cedat.* N. 9....

Rien n'eft plus perfonnel que la légitimation.
Cependant quand il eft queftion de chofes
concernant la terre, elle ne s'étend pas dans
un autre territoire : *Nihil perfonalius (fic enim
dicamus) poteft dici aftu legitimationis ; fed fi res
foli aut fuccedendi jura mifcueris, nullus princeps
legitimat perfonam ad fuccedendum in bona alte-
rius territorii....* N. 26.

Ainfi, lorfqu'il y a mélange de chofes, les
ftatuts conçus relativement aux perfonnes
deviennent réels : *Ex quibus intelligi poteft
ftatuta, quantumlibet concepta in perfonam, rerum
mixturâ evadere in realia, & legem capere à ftatutis fitûs, & malè vulgò in his poni afficientiam*

pas été observé par plusieurs auteurs.

J'aime à voir d'Argentré consi-

---

*perſonæ, quæ ſi vera eſſet, ubique locorum ageret
& vim ſuam exerceret: quod perquàm falſum eſſe
crebra experimenta oſtendunt.*

On voit que d'Argentré ne fait vraiment,
quant aux effets, que deux eſpeces de ſtatuts,
les réels & les perſonnels; mais il auroit dû
être conſéquent à lui-même, en ne rangeant
pas, n. 49, l'aliénation d'un bien de Bretagne,
faite par un mineur pariſien qui ſeroit majeur
en Bretagne, au nombre des ſtatuts perſonnels quant à l'effet.

Rodenburgh obſerve auſſi, ch. 1, que les
meubles ſont des biens, ſont des choſes, &
qu'ainſi d'Argentré n'auroit pas dû mettre les
ſtatuts qui les concernent au rang des ſtatuts
perſonnels, puiſque, ſuivant ſa définition,
les ſtatuts perſonnels ſont ceux qui affectent
univerſellement la perſonne, abſtraction de
la choſe. Dans l'uſage, les meubles ſont con-
ſidérés comme attachés au domicile; cependant chaque ſeigneur, dans le cas de confiſ-
cation, prend les meubles qui ſont dans ſon
enclave.

dérer celui qui poſſede , qui réclame , qui donne ou legue des
héritages ſitués ſous différentes
coutumes , comme repréſentant
pluſieurs perſonnes (1).

Les puiſſances ne ſont que des perſonnes privées au-delà de leur territoire ; leurs loix , leur juriſdiction
n'en paſſent point les limites (2).

---

(1) *Ex quo conſequitur , ut , ſi plura ejuſdem
hominis prædia ſint , & diverſis territoriis ſita ,
diverſo etiam jure legibus & conditionibus regantur , capiantur , transferantur , acquirantur , non
aliter quàm ſi plura plurium eſſent patrimonia ;
quia quoţiès unum & idem diverſo jure regitur ,
pro pluribus habetur , & unus idemque homo
diverſos magiſtratus gerens , aut officiis fungens pro
diverſis habetur , & alius à ſe ipſo , etſi unus &
idem corpore.* L. Pap. §. Sed nec impuberis ,
ff. de inoff. teſt. d'Argentré , ibid. n. 9.

(2) *Omnis enim poteſtas extrà fines poteſtatis
attributæ aut propriæ , privata eſt perſona , &
finitæ poteſtatis finita juriſdictio & cognitio ; ideò
& ſtatuta extrà territoria ſua ſine uſu ſunt , cùm*

La convention expresse doit être exécutée dans tous les pays (1).

extra ea terrerí nemo poffit, quæ territorii definitio eft. N. 11. Cette étymologie du territoire ne m'a jamais plu. Je sais que, suivant Pomponius, l. 239, §. 8, ff. *de verb. significatione,* quelques-uns ont dit que le territoire étoit ainsi appellé, parce que les magistrats avoient le droit d'inspirer la terreur dans son enclave: *Quidam aiunt quòd magistratus ejus loci intrà eos fines terrendi, id eft, summovendi jus habet.* Il me paroit plus simple, comme à Cujas, que *territorium* dérive de *terra.*

(1) D'Argentré combat la convention tacite de Dumoulin, résultante de la loi sous laquelle on traite. Comme l'opinion de Dumoulin a prévalu pour les conquets de communauté, c'est une raison de plus pour développer toute l'énergie des raisons de d'Argentré, lorsque nous agiterons cette question. Qu'il nous suffise d'observer ici l'hommage que d'Argentré rend à la convention expresse, sans se servir de termes obscurs: *Quod conventione aut pacto inter contrahentes convenit, nullis metis includitur, sed personam æternùm sequitur, quòcumque deferatur persona.* N. 32.

Nous examinerons ailleurs si d'Argentré a eu tort de combattre la convention tacite de Dumoulin, qui a triomphé de ses efforts.

On a disputé vivement pour savoir si l'on adopteroit les statuts mixtes. On avoue unanimement qu'il y a des statuts dans lesquels on ne sait si c'est la personne ou la chose qui domine ; mais grand combat pour déterminer si l'on rangera ces statuts mixtes plutôt sous la loi du domicile que sous la loi territoriale.

Suivant M. le président Bouhier, la personne étant plus noble que la chose, la loi personnelle doit l'emporter (1).

____

(1) « 1°. Dans le doute, il est plus naturel
» que les choses cedent aux personnes, comme
» plus nobles, que de faire céder les personnes

M. Boullenois dit que c'est la
loi du territoire qui doit dominer,
parce que la loi commande aux
biens soumis à son empire (1).

» aux choses ; ainsi, dans l'ambiguité du sta-
» tut, il vaut mieux l'interpréter en faveur
» de la personne. 2°. On ne peut disconvenir
» que les loix dont l'exécution est simple &
» facile ne soient préférables aux autres : or,
» telle est la nature de celles qui reglent les
» biens par la qualité de la personne plutôt
» que par celle des biens ». Réflexions de
M. Bouhier à M. Boullenois, traité des statuts
de M. Boullenois, t. 1, p. 167.

   (1) « Ce système combat la décision de
» nos meilleurs jurisconsultes.... Ce système
(de nos meilleurs jurisconsultes) » est celui
» qui regne volontiers en Flandres, en Hol-
» lande & en Allemagne.... Le système du
» magistrat pourroit être admis si la per-
» sonne & les biens étoient renfermés sous
» l'étendue d'une même loi (dans ce cas, il
n'y auroit point de Question mixte).... » Dès
» qu'il y a un mélange de la personne & des
» biens, & que la nature du statut ne se dé-
» veloppe pas suffisamment, il n'y a rien de

Sans me laisser entraîner par cet aveu unanime de statuts dans lesquels regne une domination certaine ou douteuse de la chose sur la personne, ou de la personne sur la chose, en supposant tout simplement une question mixte telle que je l'ai définie, ce qui comprend toutes les especes plus ou moins douteuses, en la supposant très-mixte avec MM. Bouhier & Boullenois, c'est-à-dire, très-embarrassante, je dirois volontiers que M. Boullenois donne une fort mauvaise raison d'un principe très-vrai, tandis que M. Bouhier donne une

____

» plus naturel que de les régler par la loi de
» la situation, qui, de droit, *commande aux*
» *biens.* Elle commande dans l'étendue de son
» territoire ; elle commande à des biens qui
lui sont soumis ». M. Boullenois, p. 108, t. r.

raiſon ſpécieuſe d'un principe très-faux.

En effet, je crois, avec M. Boul-lenois, que la loi du territoire doit dominer ; je ne crois point que ce ſoit parce que la loi régit les biens de ſon empire : je l'ai déja dit ; les loix ſont données aux perſonnes ſeulement.

La perſonne eſt plus noble que la choſe ; je le penſe avec M. Bou-hier : je ne crois pas que cette vé-rité ſoit une baſe ſolide pour ſon prétendu principe, que la loi de la perſonne doit influer ſur la choſe qui eſt ſous une autre domination. Chaque loi, comme loi civile, eſt renfermée dans ſon territoire, ſoit pour les perſonnes relativement aux perſonnes, ſoit pour les per-ſonnes relativement aux choſes.

Je

Je m'explique. La loi du territoire confidere ordinairement, &
a raifon de confidérer le poffeffeur
des terres fituées dans fon enclave
comme domicilié fous fon empire.
Un fouverain peut dire : Ou vous
ne poffédérez pas les chofes qui
font dans les lieux fur lefquels je
domine; ou vous vous foumettrez
aux loix de ma fociété , qui exige
telle ou telle condition dans les
poffeffeurs.

ARTICLE IV.

Opinion de M. d'Agueffeau.

M. d'Agueffeau (1) admet les

____

(1) « Lorfqu'il s'agit , dit M. d'Agueffeau ,
» d'une difpofition purement réelle , on fuit
» uniquement la loi de la fituation des biens....
» Lorfqu'il eft queftion au contraire d'une
» difpofition purement perfonnelle , on ne

D

ſtatuts perſonnels , qui concernent les perſonnes , les *ſtatuts réels* , qui

---

» conſulte que la loi du domicile ; elle ſeule
» commande aux perſonnes qui lui ſont ſu-
» jettes ; les autres loix ne peuvent rendre
» capables ni incapables ceux qui ne vivent
« point dans leur reſſort ».

La grande queſtion ſe réduit à examiner les diſpoſitions qui ſont mixtes, c'eſt-à-dire, qui affectent la choſe & la perſonne : il donne pour regle de juger par ce qui eſt principal, *per id quod præponderat.* « Si la réalité paroît
» le motif & le principe de la diſpoſition,
» c'eſt la réalité qui décidera de ſa nature ; &
» ſi c'eſt au contraire la perſonnalité, alors
» la diſpoſition ſera réputée perſonnelle ».

M. d'Agueſſeau conclut de là que la ſurvie de trois mois , exigée par la coutume de Normandie pour valider la diſpoſition du tiers des acquets , eſt perſonnelle. « Qui peut
» douter, dit-il , qu'elle n'ait été établie pour
» prévenir ou la propre foibleſſe du teſta-
» teur, ou une impreſſion , une ſuggeſtion
» étrangere? Il eſt vrai qu'on ne prend cette
» précaution qu'à l'égard des immeubles , &
» qu'on la néglige par rapport aux meubles,

concernent les chofes, & les *ftatuts mixtes*, qui concernent les per-fonnes & les chofes.

Il trouve beaucoup de juftefle dans l'expreffion de ftatuts mixtes. Il ôte cependant la gloire de l'in-vention à d'Argentré pour la don-ner à quelque canonifte.

Il attribue aux *ftatuts réels & perfonnels* le même effet que les anciens docteurs leur prêtoient.

Le ftatut eft-il perfonnel, on fuit la loi du domicile.

Eft-il réel, on fuit la loi de la fituation.

Eft-il mixte, on fuit la loi du

» *quorum vilis & abjecta poffeffio ;* mais c'eft
» toujours par rapport à la perfonne, tou-
» jours pour affurer la liberté, la fageffe,
» la capacité des mourans ». M. d'Agueffeau,
54ᵉ plaid. p. 6, 39.

D 2

domicile ou de la situation, suivant la prépondérance de la personne ou de la chose.

C'est à l'application où l'on me permettra d'attendre M. d'Aguesseau. Il a voulu la faire à la loi normande, qui ordonne qu'un testateur survivra trois mois pour que son legs soit bon.

Il avoit d'abord fait une réflexion très-vraie. Cette loi concerne plus la personne que la chose. En effet, un champ, un terrein quelconque n'exigent point par eux-mêmes, par leur nature, par la qualité de leur sol, d'être légués de telle ou telle maniere ; il s'agit d'empêcher, de prévenir la surprise qu'un homme peut faire à un autre homme.

C'est donc un statut personnel,

avoit dit d'abord M. d'Agueffeau.

Donc, fuivant les docteurs,
il ne doit agir que fur le domicilié.

Donc, a-t-il conclu, fi le teftateur eft domicilié à Paris, la loi
normande n'agit point fur lui,
relativement aux terres de Normandie.

Quand, d'un principe pofé, on
arrive à une propofition erronée,
on en doit conclure que le principe
ne vaut rien ; c'eft ainfi qu'a en-
fuite procédé M. d'Agueffeau. Il
a dit : J'ai fuppofé que le ftatut
étoit perfonnel ; j'arrive, par une
jufte déduction, à une propofition
erronée ; il faut même que, dans
l'ordonnance des teftamens, je
faffe une loi de la propofition

contraire (1). Donc le statut est réel ; donc il concerne plus la chose que la personne.

Il semble que M. d'Aguesseau auroit pu faire une réflexion ultérieure, & dire : Cependant il est contre toute évidence que ce statut ou cette loi concerne seulement la chose, ou concerne plus la chose que la personne : donc on a tort

---

(1) « L'art. 422 de la coutume de Normandie, qui exige la survie de trois mois
» pour la validité des testamens ou autres
» dispositions à cause de mort, concernant
» les biens d'une certaine nature, sera regardé
» comme un statut réel, & en conséquence
» ledit article aura son entier effet pour les
» biens de ladite nature situés dans des lieux
» régis par ladite coutume, & n'en aura
» aucun pour les biens étant dans d'autres
» pays, le tout en quelque lieu que celui
» qui aura fait la disposition ait son domi-
» cile, ou qu'il ait disposé », Art. 74, ordon. des testamens, de 1735.

de donner à un statut concernant la personne, ou concernant plus la personne que la chose, l'effet qu'on lui attribue, de s'étendre sous d'autres loix. Ma raison ne me fait point appercevoir une liaison évidente entre le principe & la premiere conséquence que j'en tire, en disant : Il est personnel, donc il ne doit agir que sur les domiciliés.

Les anciens docteurs avoient parlé. Il paroît que, dans cette matiere, M. d'Aguesseau n'a pas osé les citer au tribunal de sa raison. Voyant que, tout combiné, il falloit s'attacher, dans la loi des testamens, à la loi de la situation, & voyant que ce dernier effet est attribué par ces anciens docteurs aux statuts réels, c'est - à - dire, aux statuts qui, suivant eux, concernent la chose, ou concernent plus la chose que la personne, il a conclu contre l'évidence, d'abord offerte par sa raison, que le statut étoit réel, c'est-à-dire, concernoit plus la chose que la personne.

Il entreprend de le prouver (1):

---

(1) « Le véritable principe dans cette » matiere est qu'il faut distinguer si le statut » a directement les biens pour objet, ou leur » affectation à certaines personnes, & leur » conservation dans les familles, ensorte que » ce ne soit pas la personne dont on examine » les droits ou les dispositions, mais l'intérêt » d'une autre dont il s'agit d'assurer la pro- » priété ou les droits réels, qui ait donné » lieu de faire la loi, ou si, au contraire, » toute l'attention de la loi s'est portée vers » la personne pour décider en général de » son habilité ou de sa capacité générale & » absolue, comme lorsqu'il s'agit des qualités » de majeur ou de mineur, de pere ou de fils » légitime ou illégitime, d'habile ou inhabile

oferai-je dire comment ? C'eft au moins avec auffi peu de clarté,

---

» à contracter pour des caufes perfonnelles.
» Dans le premier cas, le ftatut eft réel, dans
» le fecond, perfonnel ». Obferv. de M. d'A-
guefleau fur l'art. 74 de l'ordonnance des
teftamens.

« La capacité générale n'eft point attaquée,
» ajoute M. d'Aguefleau ; donc on ne ref-
» treint que la difpofition de certains biens ;
» donc *res magis quàm perfona refpicitur*, &
» par conféquent le ftatut eft réel ».

Dans un teftament n'examine-t-on pas le droit qu'avoit la perfonne du teftateur, de difpofer, & le droit qu'avoit la perfonne du légataire, de recueillir ? Peut-on dire qu'on a directement les biens pour objet, lorfqu'il eft principalement queftion des droits de deux perfonnes, du teftateur & du légataire ? La capacité particuliere tient-elle moins à la perfonne que la *capacité générale* ? N'eft-ce pas fouvent relativement aux biens qu'on traite des *capacités générales* ? Nous avons vu que la majorité même étoit quelquefois con-fidérée comme fe réglant par la coutume des biens ; enfin, comme nous l'avons prouvé,

quoique avec autant d'élégance,
que d'Argentré, qui lui a servi de
guide en partie.

---

les loix mêmes, concernant seulement les
droits des personnes, n'ont pas toujours
l'effet qu'on attribue aux statuts personnels.

Les preuves de M. d'Aguesseau sont prises
en partie de d'Argentré, qui prétend s'être
élevé à cet égard au-dessus des scholastiques
ordinaires. Art. 218, gl. 6, n. 14. *Sed nos qui
præter vulgares scholasticorum hominum sententias,
personam aliter affici statuto negamus, quàm cùm
de universali personæ statu disponit, & alium à
priori inducit aut alterat; veluti in interdictis,
notatis, excommunicatis & prodigis accidit; non
item, si particulari aliquâ de causâ, potentia
agendi impediatur circumscriptivè ad aliquem
actum. Talis enim, ut sic dicamus, afficientia
ad actum particularem arctata, non agit in universum statum personæ, nec alibi quàm in loco
afficiente, loco circumscripto.*

Le système de d'Argentré, quoiqu'il ne
soit pas exact, est plus simple que celui de
M. d'Aguesseau. Dans le système de d'Argentré, on n'a point à discuter la prépondérance de la personne ou de la chose. Quoi-

Si M. d'Aguesseau avoit, par-
lui-même, approfondi les Ques-

---

qu'il s'agisse de la personne, le mélange de
la chose, c'est-à-dire, de la chose immobiliaire, *rerum mixtura*, rend le statut réel.
Quand même le statut seroit relatif à la capacité générale, il deviendroit réel lorsqu'il
y est question de chose immobiliaire. Voyez
pag. 65, note.

Basnage, jurisconsulte normand, donne
une raison de ce que la coutume de Normandie, relativement à la survie ordonnée par
l'art. 422, doit être renfermée dans son enclave. « Comme elle n'a point de pouvoir
» sur la personne qui n'est pas domiciliée
» dans son détroit, aussi la personne à la-
» quelle elle ne peut commander ne lui peut
» faire la loi dans son territoire ». On peut
cependant observer que la loi commande indirectement à l'étranger, puisqu'elle lui dit :
Obéissez-moi, ou vous n'aurez pas le legs. Il est
libre de ne pas obéir ; mais alors le legs lui
échappe.

M. Boullenois n'exige pas, pour que le
statut soit personnel, qu'il concerne l'état
général de la personne.

D 6

tions mixtes, s'il n'avoit pas suivi les traces de ceux que l'on confidéroit comme les maîtres dans cette partie, il eût fans doute fecoué le joug de mots abftraits & mal définis ; fes lumieres fupérieures nous en répondent : mais qu'on juge, par fes contradictions, par fa maniere obfcure & embarraffée dans cette matiere, combien il étoit difficile de s'y faire jour.

ARTICLE V.

Opinion de M. Froland.

M. Froland fe compare lui-même au malade auquel on offre plufieurs médecines, au voyageur embarraffé par beaucoup de chemins (1).

______

(1) « Par où je commence, eft de convenir

Cette matiere est, suivant lui, la guerre de Troye, qui divisa les dieux. Ces dieux sont une multitude d'auteurs qu'il discute, & dont il auroit pu laisser plusieurs dans la poussiere où ils étoient ensevelis.

Qu'on critique certains auteurs

» de bonne foi de l'embarras où je suis, &
» de me comparer au malade qui, par la
» quantité des remedes où il a recours, dans
» la vue de se guérir, augmente le danger
» où il est, ou au voyageur qui, embarrassé
» par la multiplicité des chemins qui se pré-
» sentent à ses yeux dans la forêt qu'il tra-
» verse, devient inquiet, & ne sait quel
» parti prendre. Telle est ma situation. J'exa-
» mine la nature & la qualité d'un statut;
» des docteurs d'une réputation non com-
» mune m'enseignent qu'il est réel, & plu-
» sieurs autres, qui n'ont pas moins d'éru-
» dition que les premiers, prétendent qu'il
» est personnel, &c ». Froland, mém. sur la qualité des statuts, pag. 145.

qui en font dignes par leur mérite
& leur célébrité ; c'eft un hommage qu'on leur rend : mais pourquoi remuer les cendres de tant
d'autres ?

Le préfident Efpiard difoit que
M. Froland étoit comme le foleil
de mars, qui attire & ne réfoud
pas (1).

Dans le vrai, M. Froland me
préfente une difficulté ; quelquefois il la préfente très - peu clairement ; enfin je la faifis ; j'efpere
qu'il va m'en donner la folution :
il me laiffe plus embarraffé qu'auparavant (2).

---

(1) Lettre de M. le préfident Efpiard à
M. Boullenois, avertiffement de l'éditeur de
M. Boullenois, p. 12.

(2) « M. Froland agitant les chofes, *in
utramque partem*, combat affez volontiers

Il offre clairement quelques especes ; mais, fuivant lui, dans des
matieres auffi difficiles, il eft dangereux d'argumenter d'un cas à
un autre (1).

M. Froland a fait de très-bonnes
réflexions ; elles tendent le plus
fouvent à refferrer les loix & jurifdictions civiles dans leur territoire.

>> par des raifons vagues, peu afforties, &
>> de pure imagination, ce qu'il dit pour l'une
>> ou pour l'autre opinion, & rarement nous
>> dit-il le parti pour lequel il penfe qu'cn
» doive fe décider ». M. Boullenois, t. 2,
p. 303.

(1) « En ces matieres, où l'efprit peut
» être facilement féduit & trompé, par la
» difficulté qu'il y a à bien diftinguer les
» ftatuts, & à juger s'ils font réels ou per-
» fonnels, il eft fort dangereux d'argumenter
» d'un cas à un autre ». Froland, p. 822.

ARTICLE VI.

Opinion de M. Boullenois.

A quoi servent toutes ces distinctions, toutes ces divisions &
subdivisions auxquelles se livre
M. Boullenois? Il se fâche vraiment
contre M. Froland, qui les lui reproche avec assez de bon sens :
c'est doublement avoir tort. Qu'on
juge de ces distinctions.

M. Boullenois distingue les statuts qui parlent des personnes &
des choses, sans rien exiger du ministere de l'homme, & les statuts
qui parlent des personnes & des
choses, en exigeant ce ministere.

Il divise les *statuts* (1) *personnels*

____

(1) « Je divise, comme je viens de le
» dire, les dispositions personnelles en deux

en *statuts personnels universels* &
en *statuts personnels particuliers.*

» especes, savoir, les dispositions *personnelles*
» *universelles* & les dispositions *personnelles*
» *particulieres.* Comme j'envisage les dispo-
» sitions personnelles par leurs effets, je les
» subdivise en dispositions qui affectent uni-
» versellement la personne, & lui forment
» un état général ; je les appelle *dispositions*
» *personnelles universelles au premier degré* : telle
» est la majorité, l'interdiction pour dé-
» mence, la tutele, les jugemens qui im-
» priment une note d'infamie.

» Mais il est des dispositions personnelles
» qui affectent pareillement la personne pour
» des effets moins généraux & moins éten-
» dus ; par exemple, l'émancipation par
» lettres du prince, car elle ne met dans le
» mineur qu'un état pour administrer seule-
» ment, & l'état primordial & foncier de la
» personne est la minorité, & je les appelle
» *dispositions personnelles universelles au second*
» *degré.*

» Quant aux *dispositions personnelles parti-*
» *culieres,* j'en connois pareillement de deux
» fortes, celles qui prohibent ou permettent

Il subdivise les *statuts personnels
universels* en *statuts personnels uni-*

» certains engagemens personnels. Ces dif-
» positions sont personnelles *ex utrâque parte*,
» savoir, du côté de la personne, en ce
» qu'elle habilite l'incapable, ou inhabilite
» le capable, & du côté de la chose, parce
» que leur objet est tout personnel, & je les
» appelle *dispositions particulieres pures person-*
» *nelles*; mais j'en connois aussi de person-
» nelles, & dont l'objet est réel, par exemple,
» celles qui permettent à un mineur marié de
» faire une donation mutuelle à son conjoint.
» Je mets encore dans cette classe les statuts
» qui permettent de faire un testament, j'en
» ai fait ci-après une dissertation expresse, &
» je les appelle *dispositions personnelles réelles*.
» Elles sont personnelles en ce qu'elles s'a-
» dressent à des personnes incapables par
» état, & qui sont rendues capables pour
» ces choses particulieres, ce qui ne pour-
» roit se faire si le statut ne les habilitoit pas,
» & il ne peut pas les habiliter qu'il ne soit
» personnel; mais en même temps il est réel,
» parce que l'objet de ces dispositions est
» communément quelque fonds & héritage ».
Traité des statuts, t. 1, p. 182.

versels au premier degré, & en statuts personnels universels au second
degré.

Il subdivise aussi les *statuts personnels particuliers* en *statuts particuliers purs personnels*, & en *statuts particuliers personnels réels*.

Chaque difficulté entraîne une
nouvelle division.

Il est comme ces subtils astro-
nomes qui, avant la naissance de
la bonne physique, dont la simplicité est le vrai caractere, in-
ventoient un nouveau cercle, un
nouveau ciel pour chaque nouveau
phénomene qu'ils observoient.

On apperçoit cependant des dif-
férences entre les différens exemples qu'apporte M. Boullenois.
J'admire la subtilité de son esprit
& la dépense inutile qu'il en fait.

Quel est donc le but de la division des statuts en réels & personnels, division premiere, à laquelle viennent se réunir les différentes ramifications que M. Boullenois se plaît à imaginer ? A quoi me sert-elle pour la décision des Questions mixtes ? Si elle n'est d'aucune utilité, comme je l'ai déja démontré, je crois, & comme on le verra bien mieux encore par les détails, pourquoi me donne-t-il ainsi la torture ?

Le fonds du syftême de M. Boullenois rentre dans celui de M. Froland. Il réprouve avec raison quelques prétendues regles générales données par les auteurs qui l'avoient précédé. On trouve dans son ouvrage des parties très-bien raisonnées & très-bien écrites. J'en

ferai ufage en traitant les Queftions
particulieres.

ARTICLE VII.

Opinion de M. Bouhier.

JE ne m'arrêterai pas à ce que
dit M. Bouhier, qu'il y a, dans l'effence des chofes, diftinction entre
les différens ftatuts perfonnels &
réels.

Les perfonnels font, fuivant lui,
ceux qui concernent les perfonnes,
abftraction des chofes, & les réels
ceux qui concernent les chofes,
abftraction des perfonnes. Les
mixtes font ceux qui influent fur
les perfonnes & fur les chofes (1).

---

(1) « A confidérer les chofes dans leur
» effence, comme feroient les philofophes,
» on ne fauroit douter qu'il n'y ait trois

M. Boullenois & M. Bouhier
conviennent que presque tous les

“ sortes de loix, les unes pures personnelles,
“ les autres pures réelles , & enfin d'autres
“ qui sont mêlées de personnel & de réel.

“ Les pures personnelles sont celles qui
“ regardent uniquement la personne, abs-
“ traction faite des biens. Telles sont les loix
“ qui fixent l'âge de la puberté & de la ma-
“ jorité, celles qui reglent la qualité de la
“ personne libre ou non libre , de noble
“ ou de roturier , d'enfant légitime ou de
“ bâtard.

“ Les pures réelles sont les loix qui ré-
“ gissent uniquement les choses, abstraction
“ faite de la personne : telles sont celles qui
“ reglent la qualité des biens meubles ou
“ immeubles, des propres ou des acquets,
“ des biens sujets au retrait lignager , des
“ biens féodaux ou roturiers , & autres
“ choses pareilles ”. (Toutes les loix n'ont-
elles pas en vue la personne des héritiers, des
possesseurs ?)

“ Enfin les loix mixtes sont celles qui
“ influent en même temps sur les personnes
“ & sur les biens ; telles sont celles qui ont

ftatuts ont en vue & les perfonnes & les biens conjointement. Quel eft donc le but de cette divifion en ftatuts réels & perfonnels dans l'effence des chofes ?

Je conçois bien des loix qui ne font relatives qu'aux perfonnes, fans qu'il foit queftion des chofes, comme les loix relatives à la police des mœurs, & en général aux droits des hommes fur les autres hommes ; mais je ne conçois pas de loix qui concernent les chofes, abftraction des perfonnes, car toutes les loix font données aux perfonnes.

» établi la communauté de biens tacite entre
» le mari & la femme, qui ôtent aux con-
» joints la liberté de difpofer, qui autorifent
» la renonciation expreffe ou tacite des
» filles ». M. Bouhier, ch. 23, n. 25.

M. Bouhier dit que c'est confidérer les chofes dans leur effence, comme feroient les philofophes.

Je fais qu'il eft permis d'examiner les différentes dimenfions de la matiere, abftraction des autres. On peut confidérer un objet phyfique fans fes propriétés, ou les différentes propriétés, abftraction des autres, & de tout fujet. Mais feroit-il permis de dire que, dans l'effence des chofes, il exifte une matiere longue, abftraction faite de la largeur, ou une matiere large, abftraction faite de la longueur?

Je ne vois pas trop fi c'eft ce que veut dire M. Bouhier, puifqu'il combat les définitions qu'on a données des ftatuts réels & perfonnels, puifqu'il n'ofe en donner lui-même lui-même (1); mais M. Boullenois le dit expressément, en distinguant, à son ordinaire, les différentes abstractions. Il distingue les abstractions dans la lettre des abstractions dans l'esprit (2).

____

(1) « Mais, me dira-t-on, quelles défi-
» nitions substituerez-vous à celles que vous
» rejettez ? Je réponds que je n'entreprendrai
» point d'en donner aucunes ; ma raison est
» qu'on ne sauroit en donner de bonnes tant
» qu'on ne sera pas convenu des différens
» statuts qui doivent composer la classe des
» personnels & celle des réels ; car comment
» définir des choses dont la nature est dou-
» teuse & contestée ? . . . . . En attendant,
» il faut, à mon avis, s'en tenir à une autre
» définition proposée par Voet, *ab effectu*.
» Le réel est celui dont le pouvoir ne s'é-
» tend pas au-delà du territoire ; le personnel
» est celui qui étend son empire sur les biens
» de ceux qui lui sont soumis, en quelques
» lieux qu'ils soient situés ». M. Bouhier,
ch. 23, n. 58.

(2) Après avoir dit qu'il n'est pas nécessaire que le statut, pour être personnel, fasse

E

M. Bouhier avoue que la diftinction des ftatuts en réels ,

---

abftraction des biens , voici ce qu'il ajoute :
« Il me femble néanmoins que l'on peut dire
» que le ftatut perfonnel fait *abftraction* des
» biens , & que le ftatut réel fait abftraction
» de la perfonne , *en diftinguant deux fortes*
» *d'abftractions* , favoir ; *abftraction dans les*
» *termes* , & *abftraction dans l'efprit du ftatut.*
» La premiere eft lorfque le ftatut ordonne
» & difpofe d'une chofe fans faire mention
» d'une autre ; dans ce cas , il eft vrai de dire
» que le ftatut fait abftraction de la chofe
» dont il ne fait pas mention. La feconde eft
» lorfque le ftatut , faifant mention de plu-
» fieurs chofes , fa principale vue & fon
» premier objet ne fe portent que vers une
» des deux , de forte que l'autre ne contribue
» en rien pour former la difpofition du fta-
» tut ». M. Boullenois , p. 44 & 45.
M. Boullenois donne des exemples. « *L'hom-*
» *me eft majeur à vingt-cinq ans.* Ce ftatut fait
» abftraction des biens , en ce qu'il n'en fait
» pas mention. En voici un autre. *Les actions*
» *qui ont pour objet un meuble font mobiliaires.*
» Ce ftatut fait abftraction de la perfonne ,
» en ce qu'il n'en fait pas mention. Pour

personnels & mixtes eſt de nul effet dans la juriſprudence. Cet aveu m'eſt bien précieux (1).

» exemple de la ſeconde abſtraction , nous
» donnerons ce ſtatut : *L'homme peut diſpoſer*
» *de ſes propres.* Il eſt fait mention dans ce
» ſtatut de la perſonne & des biens propres ;
» mais la perſonne n'eſt pas, dans la premiere
» vue , dans l'objet principal du ſtatut ; ce
» ſont les propres. Dans cet autre , *l'homme*
» *eſt majeur à vingt-cinq ans , & peut diſpoſer*
» *de ſes biens* , il eſt fait mention de la per-
» ſonne & des biens. Mais l'on s'apperçoit
» aiſément que les biens ne ſont pas dans
» l'objet principal du ſtatut , & ne ſont mis
» dans le ſtatut que par conſéquence de la
» perſonne. Dans la premiere abſtraction ,
» le ſtatut *omnem vim conſumit* dans les choſes
» dont il fait mention ; dans la ſeconde, le
» ſtatut *omnem vim conſumit* dans ce qui eſt
» l'objet & la vue principale ». *Ibid.* p. 45.

Quoi ! l'on fait abſtraction de la perſonne ou de la choſe lorſqu'il n'en eſt pas queſtion principalement ! Mais ne ſuffit-il pas qu'il en ſoit queſtion , même acceſſoirement , pour qu'elles ne ſoient pas dans l'abſtraction ?

(1) C'eſt, ch. 2, n. 29, que M. Bouhier

Il diſtingue les ſtatuts ſuivant l'effet. Le réel eſt celui dont le

---

avoue que quoique la diſtinction (en ſtatuts réels, perſonnels & mixtes) ſoit trés-vraie en elle-même, elle eſt pourtant de nul uſage dans la juriſprudence. « La raiſon en eſt ſen-
» ſible, dit-il; c'eſt que les juriſconſultes
» s'attachent moins à l'eſſence des choſes qu'à
» leur effet. . . . .
» Pour que le ſtatut mixte fût de quelque
» uſage, il faudroit qu'il pût en même temps
» paſſer les bornes de ſon territoire, & être
» reſtreint dans ces mêmes bornes ».

Il obſerve auſſi, n. 32, que d'Argentré, qui avoit voulu introduire les ſtatuts mixtes, les *détruit d'un ſeul trait* en les rangeant parmi les ſtatuts réels.

M. Froland avoit dit, à la fin de ſon cha-pitre 1, page 13, « qu'on s'imagine être fort
» habile & avoir découvert tout le myſtere
» quand on ſait que le ſtatut réel eſt celui
» qui regarde le fonds; que le perſonnel eſt
» celui qui regarde la perſonne, *primario &*
» *abſtractè ab omni materiâ reali*, & que le
» ſtatut mixte eſt celui qui participe de la
» réalité & de la perſonnalité tout enſemble;

pouvoir ne s'étend pas au-delà du territoire ; le personnel est celui qui étend son empire sur les biens de ceux qui lui sont soumis, en quelques lieux que ces biens soient situés. Mais quelle est la cause de cet effet ? C'est le nœud de la difficulté, & M. Bouhier n'ose le résoudre (1).

On ne dispute pas des mots quand on y attache des idées distinctes & invariables. Il semble cependant, comme je l'ai déja

---

» & cependant, avec toutes ces définitions, » on est encore à l'alphabet, & l'on sait très- » peu de chose, parce que tout le point de » la difficulté consiste à découvrir & à dis- » tinguer nettement quand le statut regarde » uniquement le fonds ou la personne, ou » l'un & l'autre ». (Ce n'est pas là le point de la difficulté.)

(1) Voyez p. 97, note 1.

obfervé , que les noms devroient
avoir de l'analogie avec les idées
qu'on veut préfenter. Les regles
de la police ne s'étendent pas au-
delà du territoire. Les appeller
réelles avec M. Bouhier , c'eft ren-
verfer toutes les idées qui , fuivant
l'analogie , s'appliquent au mot
réel. Ces loix ont les perfonnes
pour unique but.

On s'eft imaginé que la diftinction
de la perfonne & de la chofe con-
duifoient à limiter ou à étendre les
loix. Voilà pourquoi on a appellé
certaines loix *ftatuts réels* , &
d'autres *ftatuts perfonnels*. M. Bouhier donne lui - même beaucoup
d'influence aux perfonnes & aux
chofes pour opérer cet effet.

Comme je l'ai déja dit , il ne
veut pas définir fes ftatuts réels &

personnels, mais il donne de prétendus principes pour les distinguer. Ces principes ont le vice des définitions des autres auteurs. Il considere ordinairement les personnes & leur capacité, ou les choses, pour décider les Questions mixtes (1).

---

(1) « Les statuts qui avancent le terme de
» la majorité, qui reculent l'âge de tester,
» sont constamment contraires au droit com-
» mun; cependant on ne doute pas qu'ils ne
» soient personnels. Pourquoi cela ? Parce
» qu'ils déterminent la *capacité ou incapacité*
» *des personnes* ». M. Bouhier, ch. 26,
n. 197.

« Puisqu'on ne doute pas que les statuts
» qui reglent les droits des personnes ne
» soient personnels, on ne peut pas raison-
» nablement attribuer une autre qualité aux
» statuts qui regardent *les choses attachées à*
» *ces mêmes personnes* ». M. Bouhier, ch. 25,
n. 1.

« La vraie marque de la réalité est lorsque

Il fonde même son syſtême ſur cette diſtinction. En effet, appercevant une vérité qui eſt très-conſtante, que toutes les loix ſont données aux perſonnes, il en conclut qu'on devroit ſuivre, dans preſque toutes les Queſtions mixtes, la loi du domicile, ce qui eſt contre l'uſage, & même contre la raiſon, ainſi que nous le verrons de plus en plus par les détails.

ARTICLE VIII.

Opinion de M. Prevot de la Jannès.

J'avois achevé mon premier

» les ſtatuts ont *les biens pour objet* principal ». M. Bouhier, ch. 26, n. 198.

Au ſurplus, il obſerve que cette regle n'eſt point générale, & que l'une des principales exceptions eſt qu'elle n'a pas lieu pour les ſtatuts qui ſont fondés ſur les conventions expreſſes ou tacites des parties. *Ibid.* n. 199.

travail fur les Questions mixtes
lorfque l'ouvrage de M. Prevot de
la Jannès m'eft tombé dans les
mains. J'ai été frappé des vérités
que renferme fon difcours, *de la
nature des preuves*, qui d'abord a
fixé mes yeux ; & j'ai cru que
j'allois voir l'application de fa méthode aux Questions mixtes.

Il dit (1) que le grand fecret

---

(1) « Le plus grand fecret de l'art (dans la
» jurifprudence) eft de bien connoître les
» notions fimples, communes, familieres. Ce
» petit nombre d'efprits inventeurs & ori-
» ginaux que la nature fait naître de temps
» en temps pour l'honneur de la raifon &
» l'ornement de la fociété, n'ont mérité notre
» approbation que parce qu'ils ont fu faire
» un ufage exquis des refforts foibles, fim-
» ples, légers en apparence que leur pré-
» fentoit la nature. C'eft en voyant tomber
» des feuilles d'un arbre que Newton a jeté
» les fondemens de l'admirable fyftême qui
» a dévoilé tout le ciel à nos yeux. . . . . La

de l'art dans la jurisprudence est de
bien connoître les notions simples,

» nature l'a mise sous nos yeux (la vérité);
» &, par une espece de fatalité malheureuse,
» c'est là où elle est la plus invisible pour
» nous. . . . . Si, dans la jurisprudence, dans
» l'application des loix de l'équité naturelle,
» vous définissez exactement les termes qui
» désignent les idées morales, si vous les dé-
» composez en quelque sorte pour les réduire
» aux notions simples & primitives ; si, dans
» la suite de vos déductions, vous vous
» gardez avec soin d'attacher à un terme des
» idées accessoires, différentes de celles aux-
» quelles vous l'aviez d'abord déterminé ; . . .
» si, dans toute la suite de vos recherches,
» vous avez la précaution de faire des revues
» & dénombremens assez exacts pour ne plus
» craindre d'avoir omis aucune des faces de
» l'objet ; si vous observez tout cela, que
» vous manquera-t-il pour vous faire jouir
» pleinement de la vérité dans la jurispru-
» dence ? » Discours de la nature des preuves.

Il auroit été à souhaiter que M. de la Jannès
n'eût pas perdu de vue ces grands principes
de logique en traitant la matiere des Questions mixtes.

communes & familieres. Les efprits inventeurs & originaux n'ont
mérité notre admiration que parce
qu'ils ont fait un ufage exquis de
refforts foibles & légers en apparence. La vérité eft fous nos yeux,
& , par une efpece de fatalité,
elle y eft invifible.

Dans la jurifprudence , il ne
faut jamais perdre de vue les
regles de l'équité naturelle, c'eft-
à-dire , les notions fimples & primitives de la morale : il en faut
tirer de juftes conféquences. On
doit bien définir les termes, & faire
des dénombremens exacts.

M. Prevôt de la Jannès , en
traitant les Queftions mixtes, les
confidere , ainfi que la plupart des
auteurs qui ont cherché à les approfondir, comme les plus éten-

dues, les plus délicates & les plus embarraffantes de la jurifprudence. Pourquoi n'a-t-il pas recours aux notions fimples & primitives ? Pourquoi prétend-il qu'on a befoin d'une théorie extrêmement fine, fubtile & déliée pour fe former un fyftême dont la fimplicité réponde à l'exactitude, ce que plufieurs jurifconfultes ont tenté vainement ?

Ne diftingue-t-il pas, comme fes prédéceffeurs, les *ftatuts perfonnels* qui fuivent le domicile, & les *ftatuts réels* qui fuivent la fituation des biens ? Ne foutient-il pas que les *ftatuts perfonnels* reglent la *capacité* (1) ?

____

(1) M. Prevot de la Jannès, dans fon premier axiôme, n'admet que deux ftatuts, les ftatuts réels & les ftatuts perfonnels.

Dans les ftatuts réels, on fuit la loi du lieu

Je crois voir très-clairement la même vérité que M. Prevôt de la Jannès. On ne peut posséder de biens qu'avec les charges & les conditions exigées du possesseur par la loi du pays. Cette regle est

---

où les choses dont on dispose par l'acte font situées, & dans les statuts personnels, la loi du domicile des parties qui ont fait l'acte.

Mais quelle est la cause de ces effets? Voici comme il s'explique, en parlant de son statut réel : « La loi pourroit - elle, sans violer le » droit des gens, disposer des choses situées » sous un autre empire ? »

Non, sans doute, &, à cet égard, nous sommes bien d'accord.

Dans les seconds (les statuts personnels), « la loi regle *l'état* & *la capacité* des personnes ; » elle leur ordonne ou leur défend : mais » peut-elle exercer une telle autorité sur » ceux qui vivent sous une autre domination » que la sienne ? »

Oui, relativement aux choses qui sont sous son empire, & même sur les étrangers lorsqu'ils y résident, ou lorsqu'ils y passent.

ici clairement énoncée. Tout ce qui l'environne chez M. Prevot de la Jannès ne fait que l'obscurcir.

Ces *statuts réels*, ces statuts qui *lient indirectement les personnes*, ces loix, *exerçant leur empire sur les biens* (1), font des mots équivoques qui forment autant de nuages dont cette vérité simple ne paroissoit pas devoir être enveloppée.

M. Prevot de la Jannès m'annonce un principe général (2).

______

(1) C'est dans sa regle 6 que M. Prevot de la Jannès dit que « les *statuts réels* lient *indi-* » *rectement* les personnes même qui ne font » pas domiciliées dans leur territoire lorf- » qu'elles possedent des biens qui y font » situés ; car il est clair qu'ils ne peuvent les » posséder qu'avec les charges & suivant les » conditions qu'il a plu d'y imprimer à la » loi qui a droit d'exercer son *empire immé-* » *diatement sur ces biens* ».

(2) Second axiôme.

Le domicile soumet naturellement les hommes à la loi du pays qu'ils habitent, & les rend sujets de la puissance publique qui y regne.

Il est bien certain que le domicilié est soumis aux loix locales de son domicile ; mais quand le domicilié voyage dans des pays étrangers (& M. Prevot de la Jannès considere les différens pays coutumiers comme des pays étrangers), quand le domicilié veut posséder des biens ailleurs que dans le lieu de son domicile , il doit encore obéir aux loix sous lesquelles il n'est pas domicilié.

Quelle est cette autre regle , qu'un statut qui est la modification d'un statut réel , est réel , & qu'un statut qui est la modification d'un ſtatut perſonnel, eſt perſonnel (1)?

Si on en croit M. Prevot de la Jannès, les ſtatuts dont la nature ſembloit échapper aux regles ordinaires ſont heureuſement démêlés par cette regle.

Il me ſemble, je l'avoue, que cette regle peut ſervir ſeulement à embrouiller la matiere. Les ſtatuts réels & perſonnels n'étant pas définis, & ouvrant un champ ſi vaſte aux diſputes, leurs prétendues modifications ne peuvent que jetter encore ſur elle une plus grande obſcurité.

Voici une autre regle, préſentée par cet auteur comme très-pure, très-ſimple & très générale pour démêler les ſtatuts. On doit les

____

(1) Troiſieme regle.

considérer comme réels lorsque la prohibition qu'ils renferment est générale, & tombe sur toute espece de personnes (1).

____

(1) « Lorsque la prohibition des statuts
» est générale pour toutes sortes de personnes
» indistinctement, le statut est toujours réel ;
» lorsqu'elle est particuliere pour certaines
» personnes, le statut est toujours person
» nel ». Regle 10. Telle est la regle que
M. Prevot de la Jannès donne comme une
regle très-sûre, très-simple & très-générale
pour démêler entre les statuts qui sont conçus
dans une forme personnelle ceux qui doivent
être regardés comme réels.

On lui oppose que, suivant M. Cochin, le
statut qui défend aux conjoints de s'avantager
est un statut réel ; que le Brun & Boullenois
ne mettent au nombre des statuts personnels
que ceux qui reglent l'état de la personne, ou
qui défendent la disposition des biens par
conséquence de la personne.

Il leur répond que tout statut portant prohibition aux personnes est naturellement personnel ; que les loix sont portées pour les
personnes. Quand la loi défend aux citoyens

M. de la Jannès avoue que cette regle est contraire à la jurispru-

---

de faire quelque chose, c'est à eux qu'elle s'adresse. (Lorsque la prohibition est générale pour toutes personnes, est ce que ce n'est pas aux citoyens qu'elle s'adresse ? Il n'y auroit donc plus ce qu'il appelle statuts réels ?)

M. Prevot de la Jannès ajoute que le citoyen est obligé d'obéir à la loi qui le domine : il y est obligé intérieurement & personnellement. Si la loi lui défend de disposer de quelques-uns de ses biens, dès qu'il en dispose contre la prohibition, il contrevient, il désobéit à la loi, en quelque endroit que soient situés les biens dont il dispose.

Je ne crois point que la loi civile s'étende au delà de son territoire, & gène la liberté de ses citoyens hors de ses limites : on est réputé domicilié par-tout où les biens sont situés.

M. Prevôt de la Jannès considere les loix comme une convention ; c'est comme si les citoyens étoient convenus de ne se point donner. N'y auroit-il point une différence ? La convention s'étend en tous lieux. Mais

dence des arrêts & au sentiment commun des auteurs ; mais il prétend qu'elle est conforme à la raison naturelle, qu'elle est une suite des grands principes du droit public & du droit des gens.

C'est sans doute ce qu'il falloit démontrer. Par statut réel, M. de la Jannès entend les loix qu'il faut exécuter, quoiqu'on ne soit pas domicilié dans le même lieu où sont situées les choses. Or, je ne vois pas que lorsque la loi du pays fait quelques défenses à certains possesseurs en particulier, ils puissent davantage se dispenser

---

ne pourroit-on pas dire que, lorsqu'il n'y a point de convention, on est censé être convenu tacitement de suivre les différentes loix ? Au surplus, c'est la grande dispute entre Dumoulin & d'Argentré. Nous l'agiterons ailleurs.

d'exécuter les conditions impoſées, que les poſſeſſeurs en général, lorſque la défenſe eſt faite aux poſſeſſeurs en général. Je ne vois point, quelque effort que je faſſe pour me prêter aux idées de M. de la Jannès, que la raiſon naturelle & les grands principes du droit public & des gens établiſſent ſon prétendu principe.

Nous aurons occaſion, en agitant les queſtions particulieres, de rencontrer pluſieurs fois M. de la Jannès.

Il a fait de bonnes réflexions ; mais il ne paroît pas qu'il ait toujours mis en pratique, lorſqu'il a traité cette matiere, les grands principes de diſcuſſion dont il paroiſſoit pénétré.

Conclusion de la troisieme section.

Quel est donc l'usage que l'on peut faire des auteurs ?

Quand ils n'ont travaillé que sur les mots, ils ne peuvent être d'aucune utilité ; mais quand ils sont entrés dans les détails, quand ils ont approfondi plusieurs especes présentées aux tribunaux ou aux jurisconsultes, ils ont offert d'excellentes vues, des faits précieux, des observations importantes.

Puisse cet ouvrage réunir, comme dans un même foyer, les différens traits de lumiere qu'a fait naître quelquefois le choc des contradictions !

SECONDE PARTIE.

Principes généraux des Questions mixtes.

EN discutant beaucoup de Questions mixtes, en me livrant sans guide à de laborieuses analyses, j'ai toujours cherché à remonter à quelques notions simples. Ce n'est qu'après des épreuves réitérées que je présente le petit nombre de vérités connues d'où paroît dériver la solution de difficultés qui sembloient d'abord inextricables.

On sera peut-être surpris de reconnoître seulement les premiers principes du droit romain ; mais perpétuellement je les ai rencontrés. Voilà tout le fruit d'un travail opiniâtre. En suivant enfin ces principes qui se sont offerts si souvent, en les pressant, j'ai cherché à considérer cette matiere dans sa plus grande étendue. J'ai cru appercevoir des rapports qu'on avoit négligé de saisir.

Ce qui est commandé par le droit naturel est de tous les pays (1) ; il doit être reçu par toute la terre, suivant les différentes modifica-

____

(1) *Jus autem civile à jure gentium distinguitur, quòd omnes populi, qui legibus & moribus reguntur, partim suo proprio, partim communi omnium hominum jure utuntur ; nam quod quisque populus sibi jus constituit, id ipsius proprium civitatis est, vocaturque* jus civile, *quasi jus proprium ipsius civitatis. Quod verò naturalis ratio inter omnes homines constituit, id apud omnes gentes peræque custoditur ; vocaturque* jus gentium, *quasi quo jure omnes gentes utantur. Populus itaque romanus partim suo proprio, partim communi omnium hominum jure utitur.* Inst. just., l. 1, t. 2, §. 1.

tions qu'exigent les lieux & les temps. L'empire de ces loix est universel comme celui du souverain juge, qui veille perpétuellement à leur conservation.

Le droit civil est le droit particulier de chaque nation, de chaque cité (1) ; il y domine exclusivement à tout autre droit civil : son empire est resserré dans des limites. Il est l'ouvrage des hommes : comme eux il est fragile & borné. Il est mobile comme les circonstances fugitives qui le déterminent.

On doit distinguer, dans les loix des différentes nations qui partagent la terre, ce qui est du droit naturel ou des gens, & ce qui est du droit civil & national (2).

_____

(1) Voyez p. 119, note.
(2) *Ibid.*

Le

Le premier s'étend d'une nation à une autre, ou plutôt ce droit immuable, comme l'ordre éternel dont il fait partie, est le même ou doit être le même pour toutes les nations. Il est le droit commun de tous les hommes.

Le second ne franchit pas les bornes qui resserrent la puissance de laquelle il émane.

On peut comparer les loix civiles à la monnoie, qui renferme plus ou moins d'alliage. Quand elle est bonne, elle reçoit chez l'étranger le prix qui lui est dû. Que le souverain fixe son titre au-dessus de sa valeur, les sujets sont obligés d'obéir : mais il n'a pu changer l'essence des choses. Les étrangers apprécient sa monnoie suivant sa juste valeur. Ils ne prendront jamais pour de l'or du cuivre ou des feuilles de chêne.

Voilà des notions que l'on ne doit pas perdre de vue pour les conteſtations de nation à nation, & même pour les conteſtations entre les individus d'une nation & les individus d'une autre nation.

Cette diſtinction du droit civil & du droit naturel n'eſt pas encore inutile pour décider les Queſtions mixtes qui s'élevent dans le ſein de la France ; mais il faut encore en faire une autre auſſi facile. Il faut diſtinguer ce qui eſt général pour toute la France de ce qui eſt particulier à chaque province, à chaque ville, à chaque corporation. Ce qui eſt général s'étend par tout le royaume ; ce qui eſt particulier ne doit point fortir du cercle qui lui eft tracé.

Il me femble voir dériver de ces principes la folution de toutes les Queftions mixtes ; du moins, autant ces principes font fimples & certains, autant font-ils fertiles dans leurs conféquences.

On verra peut-être avec étonnement les mêmes nuances, que nous obfervons dans les loix, fe préfenter pour les jurifdictions confidérées comme fimple *diction de droit ;* point de vue qu'il eft important de faifir dans la matiere que nous traitons. Il y a en effet des jurifdictions comme il y a des loix indépendantes de tout gouvernement ; mais, par elles-mêmes, elles n'ont pas l'avantage de la fanction civile & de la coaction.

Ces vérités ont befoin de déve-
loppemens & d'applications.

D'abord il paroît utile de déterminer les loix & jurifdictions naturelles.

Nous les fuivrons dans le droit
des nations où elles regnent feules,
comme elles régneroient feules
entre des familles indépendantes
de tout gouvernement civil.

Nous pafferons aux loix & jurifdictions économiques ou de familles, qu'on peut regarder comme
les premieres loix civiles, comme
les premieres jurifdictions civiles,
compofées en partie des loix &
jurifdictions naturelles, en partie
des ufages de chaque famille.

De là nous jetterons les yeux
fur les loix & jurifdictions civiles
en général, qui peuvent être con-

sidérées comme des modifications du droit naturel, ou, si l'on veut, comme des combinaisons du droit naturel & du droit purement civil.

Nous ferons ensuite quelques réflexions sur les loix & jurisdictions françoises qui nous intéressent particuliérement.

Nous verrons enfin s'il ne seroit pas possible de diminuer la masse énorme des Questions mixtes, soit parmi les nations, soit dans le sein de la France.

CHAPITRE PREMIER.

Loix & jurisdictions naturelles.

ON peut comprendre sous le nom de loix naturelles les loix essentielles, telles que les rapports mathématiques, les rapports des nombres & des lignes. Les juges naturels de ces rapports sont ceux qui ont le plus exercé leur raison sur ces objets, les géometres, & tous ceux qui cultivent les mathémathiques, chacun dans sa partie. Tels sont encore les rapports des sons & des couleurs, qui n'ont d'autres juges naturels que les organes de la vue ou de l'ouïe, organes plus exercés dans ceux qui ont le plus travaillé sur cette matiere, les musiciens & les peintres.

Telle eſt la diſtinction des ſexes, que, dans les cas douteux, les bons anatomiſtes peuvent diſcerner plus facilement.

Il eſt facile d'appercevoir que tous ces objets en eux-mêmes, & quant à leur eſſence, ſont au-deſſus des loix & juriſdictions civiles.

Quant aux loix naturelles morales de l'homme, le droit romain, pour les trouver, ſemble d'abord ne pas diſtinguer l'homme des autres animaux. Se conſerver, nourrir & protéger l'enfance (1),

---

(1) *Jus naturale eſt quod natura omnia animalia docuit : nam jus iſtud non humani generis proprium eſt, ſed omnium animalium quæ in cœlo, quæ in terrâ, quæ in mari naſcuntur. Hinc deſcendit maris atque fœminæ conjunctio, hinc liberorum procreatio, hinc educatio. Videmus enim cætera quoque animalia iſtius juris peritia cenſeri.* Inſt. juſt., l. 1, t. 2.

voilà les premieres loix naturelles qu'il présente : c'est un instinct qu'on pourroit presque ranger parmi les loix physiques.

Je ne dis certainement pas qu'il n'y ait point d'analogie quant à l'animal, & je ne prétends point qu'il faille imiter les Siamois, qui, pour ne pas ressembler aux bêtes, se noircissent les dents ; je ne prétends point que, parce qu'on trouve dans les animaux des traces de sociabilité & de reconnoissance, il faille nous en dépouiller ; mais tout ce qui est naturel à l'homme ne lui est certainement pas commun avec les bêtes.

Puisqu'on nous fait l'honneur de nous comparer avec elles, chaque espece d'animal n'a-t-elle pas son instinct particulier ? Cet instinct

particulier lui est-il moins naturel
que ce qui lui est commun avec les
autres especes d'animaux ? S'il y a
un instinct général, l'instinct particulier, qui le modifie, qui le dif-
férencie dans chaque espece, a-t-il
moins sa source dans la nature
que l'instinct général ? Les seules
abeilles recueillent & conservent,
dans des rayons qui paroissent si
artistement faits, cette douce li-
queur composée de la substance
la plus précieuse des plantes.
Parce qu'elles jouissent seules de
cette heureuse industrie, dira-
t-on qu'elle ne leur est pas naturelle ?

Les rédacteurs du droit romain
connoissoient bien d'autres loix
naturelles : c'est ce qu'ils appelloient droit des gens, parce qu'il

étoit reçu par toutes les nations (1),
ou devoit l'être.

Ils confidéroient ce droit naturel
des hommes comme étant ou devant être univerfel, uniforme. Il
eft immuable, difoient-ils, tandis
que les loix civiles font fujettes à
des variations (2).

C'eft ce qu'il eft bien important
d'appliquer à la matiere que je
traite. Comme immuable, univerfel, ce droit s'étend d'une nation
à une autre nation, ou plutôt il eft
le même pour toutes les nations,

____

(1) Voyez pag. 119, note.

(2) *Sed naturalia quidem jura, quæ apud
omnes gentes peræquè obfervantur, divinâ quâdam
providentiâ conftituta, femper firma atque immu-
tabilia permanent ; ea verò quæ ipfa fibi quæque
civitas conftituit fæpè mutari folent, vel tacito
confenfu populi, vel aliâ pofteà lege latâ.* Ibid.
§. 12.

tandis que les loix civiles font fixées dans un efpace limité.

Il femble que nous ayons perdu de vue ce droit des gens : on le met au rang des loix pofitives (1).

---

(1) M. de Montefquieu, l. 1, ch. 3, place le droit des gens parmi les loix pofitives : il femble fuivre Grotius, qui dit que le droit des gens a reçu fa force d'obliger de la volonté de tous les peuples ou de plufieurs peuples.

Mais Grotius avoue qu'on ne trouve guere de droit commun à toutes les nations qui ne foit pas le droit naturel. *Vid.* l. 1, ch. 1, §. 14.

Suivant Hobbes & Puffendorf, le droit des gens eft le droit naturel appliqué aux nations. Puffendorf, l. 2, ch. 3, §. 23.

Barbeyrac & Budée croient que la diftinction qu'on a faite du droit des gens & du droit naturel a donné lieu aux faux politiques d'établir entre les nations une autre morale qu'entre les particuliers. Not. de Barbeyrac fur Puffendorf, *ibid.*

M. de Montefquieu dit, à la vérité, que la loi en général eft la raifon humaine en tant qu'elle gouverne tous les peuples de la terre ; mais enfin il femble mettre entiérement au

C'eſt un droit, un uſage reçu parmi pluſieurs nations de la terre.

---

rang des loix poſitives le droit des gens, les loix politiques & civiles. Ces dernieres loix doivent être tellement propres au peuple pour lequel elles ſont faites, que c'eſt un très-grand haſard ſi celles d'une nation peuvent convenir à une autre. Il faut qu'elles ſe rapportent à la nature & au principe du gouvernement qui eſt établi ou qu'on veut établir, ſoit qu'elles le forment comme font les loix politiques, ſoit qu'elles le maintiennent comme font les loix civiles. Elles doivent être relatives au climat glacé, brûlant ou tempéré, à la qualité du terrein, à ſa ſituation, à ſa grandeur, au genre de vie des peuples, laboureurs, chaſſeurs ou paſteurs. Elles doivent ſe rapporter au degré de liberté que la conſtitution peut ſouffrir, à la religion des habitans, à leurs inclinations, à leurs richeſſes, à leur nombre, à leur commerce, à leurs mœurs. Enfin elles ont des rapports entre elles; elles en ont avec leur origine, avec l'objet du légiſlateur, avec l'ordre des choſes ſur leſquelles elles ſont établies; c'eſt dans toutes ces vues qu'il faut les conſidérer.

Voilà le plan général de l'eſprit des loix

Ainfi paroît le confidérer M. de
Montefquieu, dans fon efprit des

J'aime mieux voir les hommes plus réunis
par un feul droit commun qui doit faire la
bafe de toutes les loix humaines. Ainfi pen-
foient Ciceron, Marc-Aurele, les jurifconfultes romains.

Ciceron avoit dit , avant M. de Montefquieu, que la loi étoit la raifon ; c'eft la raifon
fuprême, *ratio fumma.* De leg. l. 1 , n. 6. Il ne la
borne pas à la raifon humaine, *eft igitur, quoniam
nihil eft ratione melius, eaque & in homine & in Deo;
prima homini cum Deo rationis focietas.* N. 7.
Cette raifon, qui eft dans le fein de la divinité , eft commune à tous les hommes : tous
les hommes font nés pour la juftice; ce n'eft
point l'opinion qui conftitue le droit, c'eft la
nature. Si les efprits n'étoient point courbés
par la dépravation des coutumes, par la va-
nité des opinions , tous les hommes reffem-
bleroient à tous les hommes , comme un
homme fe reffemble à lui-même. Les plus
fages ont confidéré la loi , non comme les
ftatuts d'un tel peuple , mais comme quelque
chofe d'éternel qui commandoit à tout l'univers. Les mauvaifes regles que propofent de

loix. Plusieurs publicistes avoient
cependant observé qu'il étoit dan-

---

mauvais médecins ne font pas les principes
de la médecine. Les loix qui ne puniffent pas
les méchans, qui ne protegent pas les bons,
ne doivent pas être confidérées comme loix ;
elles n'en méritent pas même le nom. *Sed
omnium quæ in hominum doctorum difputatione
verfantur , nihil eft profecto præftabilius quàm
planè intelligi nos ad juftitiam effe natos, neque
opinione , fed naturâ conftitutum effe jus. Id jam
patebit, fi hominum inter ipfos focietatem , con-
junctionemque perfpexeris. Nihil eft enim unum
tam fimile , tam par , quàm omnes inter nosmetip-
fos fumus. Quòd fi depravatio confuetudinum , fi
opinionum vanitas , non imbecillitatem animorum
torqueret , & flecteret quòcumque cæpiffet : fui
nemo ipfe tam fimilis effet , quàm omnes funt omnium. N. 10. Hanc igitur video fapientiffimorum
fuiffe fententiam , legem neque hominum ingeniis
excogitatam , nec fcitum aliquod effe populorum ,
fed æternum quiddam , quòd univerfum mundum
gereret , imperandi , prohibendique fapientia. L. 2 ,
n. 4. . . . . Nam neque medicorum præcepta dici
verè poffent , fi quæ infcii , imperiti pro faluta-
bus , mortifera circumfcripferint ; neque in populo*

gereux de distinguer le droit des gens du droit naturel. La plupart

---

lex, cuicuimodi fuerit illa, etiamsi perniciosum aliquid acceperit. Ergo est lex justorum injustorumque distinctio, ad illam antiquissimam & rerum omnium principem expressa naturam, ad quam leges hominum diriguntur, quæ supplicio improbos afficiunt, defendunt, ac tuentur bonos. Præclarè intelligo : nec verò jam aliam esse ullam legem puto, non modò habendam, sed ne appellandam quidem. N. 5.

Voilà bien ce qu'a répété Marc - Aurele. « Tous les êtres ont été combinés pour for- » mer un ensemble d'où dépend la beauté de » l'univers. Il n'y a qu'un seul monde qui » comprend tout, un seul Dieu qui est par- » tout, une seule matiere élémentaire, une » seule loi, qui est la raison commune à tous » les êtres intelligens, & une seule vérité ; » comme aussi un seul état de perfection » pour les choses du même genre, & pour » les êtres qui participent à la même raison ». Pensées de Marc - Aurele, journ. des savans 1768, pag. 2016.

« Si l'intelligence nous est commune à tous, » la raison, qui nous constitue des êtres rai-

des anciens moralistes, principalement Ciceron & Marc-Aurele,

---

» sonnables, nous est également commune ;
» & s'il en est ainsi, une même raison nous
» prescrit ce qu'il faut faire ou éviter. C'est
» donc une loi commune qui nous gouverne.
» Nous sommes donc des citoyens qui vivons
» ensemble sous la même police ; & il suit de
» là que le monde entier ressemble à une
» grande cité ». *Ibid.* pag. 2008.

Ces magnifiques idées de Ciceron & de
Marc-Aurele peuvent recevoir leur application dans la matiere que nous traitons : il faut
nécessairement y avoir recours pour décider
entre une loi positive & une autre loi positive. Mais le jurisconsulte considere comme
loi tout ce qui est ordonné par les souverains,
chacun dans leur empire : il distingue seulement, & doit distinguer dans la loi civile le
droit universel & la modification que le législateur lui imprime. Telle est la judicieuse réflexion des jurisconsultes romains, comme
on l'a vu. Les romains, comme tous les autres
peuples, disent-ils, usent en partie de leur
droit, en partie du droit commun à toutes les
nations. Voyez pag. 119, note.

Je vais rapporter une explication de cette

s'attachent fortement à l'unité de
ce droit suprême qui domine sur

---

penſée d'autant plus volontiers, qu'elle répond à certaines objections que j'ai entendues,
& qu'elle s'applique à la matiere que nous
traitons.

« Dans le ſilence des loix, *dans leurs com-*
» *bats*, quelle autre reſſource nous reſte-t-il
» que cette équité dont l'origine eſt éternelle,
» & qui eſt auſſi uniforme dans ſes vues, que
» diverſe & féconde dans ſes moyens.

» Qu'on n'appréhende pas de ce ſyſtême
» l'affoibliſſement des loix civiles. Leur in-
» tention premiere eſt de reſpecter la nature
» & de faire régner la raiſon...... Elles
» gagnet ordinairement à être rapprochées
» du droit naturel, & le juriſconſulte le plus
» verſé dans cette ſcience ſera toujours l'in-
» terprete le plus reſpectueux du droit civil.
» Il révere dans le légiſlateur humain l'image
» vivante de Dieu. S'il eſt forcé de s'éloigner
» de la lettre du précepte, c'eſt pour demeu-
» rer fidele à l'intention que le reſpect dû au
» ſouverain préſuppoſe & exécute.

» Celui qui ne connoît le juſte & l'injuſte
» que par les paroles de Juſtinien eſt ſans

tous les hommes. Le droit des
gens du droit romain est ce que

» cesse exposé à méconnoître la sagesse du
» texte & les rapports qui le lient au droit
» naturel. Tantôt il sacrifie l'esprit à la lettre,
» & désobéit par esprit de servitude ; tantôt
» il calomnie la loi, dont les grandes vues lui
» échappent : la même erreur peut le rendre
» tour à tour esclave & rebelle.

» Le vrai magistrat (ce qui peut s'appli-
» quer au vrai jurisconsulte), s'élevant à la
» source des loix, est comme associé à l'es-
» prit de législation. Il distingue, dans les ins-
» titutions humaines, l'œuvre du créateur de
» celle des créatures, la justice essentielle de
» la justice apparente & fausse, les loix qu'il
» faut étendre dans l'usage de celles qu'il faut
» resserrer. Il apprend à résoudre ces cas
» compliqués qu'on ne décide qu'à la lumiere
» des grands principes, à fixer la nature &
» la loi incertaines & comme partagées entre
» la faveur du propriétaire & celle du pos-
» sesseur de bonne foi, entre la faveur de
» l'héritier du sang & celle des dernieres vo-
» lontés du citoyen, à séparer la saine légis-
» lation de la législation suspecte & mendiée,

tous les auteurs appellent principes d'équité naturelle, vérités
de fentiment, notions dictées par
le bon fens (1), par la raifon uni-
verfelle.

» des refcripts particuliers & des préceptions
» que l'équité de nos rois a abrogées, à
» refpecter des coutumes non écrites qui
» tiennent au droit public, à rejetter celles
» qui, quoique écrites, doivent céder à un
» intérêt nouveau & fupérieur ». M. le Blanc
de Caftillon, avocat-général du parlement
d'Aix. Difcours inféré dans l'arrêt de ce parlement, du 11 janvier 1766.

(1) Voyez, dans la note précédente, le
paffage de Ciceron, &c.

« Pour ce qui eft du fens commun, dit
» M. Bouhier (dans fa préf. p. 3), j'ofe dire
» qu'il n'y a point de guide qui foit plus pro-
» pre à nous conduire dans l'erreur en matiere
» de jurifprudence. Si le bon fens étoit une
» regle fûre en pareil cas, tous les hommes
» feroient d'un même avis. Car qui ne fe
» pique pas d'avoir le fens commun ? »

On peut dire que le *fens commun* ou le bon

Quoique l'homme foit né à côté de fon femblable, & qu'ainfi l'on dût, à ce qu'il paroît, examiner d'abord les loix naturelles de l'homme en famille, c'eft-à-dire, comme pere, comme mari, comme maître, cependant je crois parvenir à des vues plus élevées, en confidérant d'abord les loix & jurifdictions de l'homme, abftraction de la famille.

---

fens fuffit pour juger des matieres de jurifprudence : en effet on ne peut juger qu'en connoiffance de caufe & par comparaifon ; c'eft une regle de bon fens que tous admettent dans la fpéculation ; mais, dans la pratique, on veut fouvent juger de ce qu'on ne connoît pas. Par cette raifon on pourroit, dans une matiere auffi embarraffée & auffi difficile que la jurifprudence françoife, adopter ce que difoit un magiftrat des amis de M. Bouhier, que rien n'étoit *moins commun que le fens commun* ; c'eft à quoi femble fe réduire la propofition de M. Bouhier.

Il faut avouer que, de chef de famille à chef de famille, il y a plus d'égalité qu'entre le pere, la femme, les enfans & les ſerviteurs. La force peut moins ſuppléer à la raiſon. Les chefs de famille étoient originairement entre eux ce qu'entre elles ſont les nations, qui nous fixeront d'abord.

On peut diſtinguer, 1°. les loix & juriſdictions naturelles qui ſont indépendantes de la convention, 2°. la convention elle-même, les loix & les juriſdictions qui en dé-rivent.

SECTION PREMIERE.

*Loix & jurisdictions naturelles indé-
pendantes de la convention.*

ARTICLE PREMIER.

*Loix naturelles indépendantes de
la convention.*

Les loix naturelles morales,
indépendantes de la convention,
sont les meilleurs rapports qui
soient possibles entre les hommes
en société. Si elles ne sont pas in-
nées, comme le prétend Locke,
c'est-à-dire, si nous ne les appor-
tons pas gravées dans nos cœurs,
elles n'existent pas moins indépendamment de notre intelligence ; tous les hommes n'en ont

pas moins la faculté de les appercevoir & de les juger.

Ceux qui ont voulu abuſer du
ſentiment de Locke pour n'adopter
que des loix poſitives ont mal ſaiſi
ſa penſée ; il le dit lui-même, &
paroît le prouver. En effet, il eſt
conſtant que l'idée de la lumiere
n'eſt point innée , puiſque les
aveugles nés n'en ont pas l'idée la
plus légere. On ſait la comparaiſon
que faiſoit un aveugle né à qui l'on
vouloit faire entendre ce qu'étoit
la lumiere. Je crois comprendre,
diſoit-il , c'eſt ..... attendez .....
c'eſt comme du ſucre.

Mais de ce que l'idée de la
lumiere n'eſt point innée , doit-
on conclure de là qu'on puiſſe
nier l'exiſtence de la lumiere,
de ſes différentes modifications,

de l'ordre des couleurs primitives (1)?

---

(1) « On ne suppofera pas, dit Locke, que
» nous ayons d'idée innée de couleur.....
» Dieu a donné la faculté de recevoir les
» idées des couleurs par l'impreffion qu'elles
» font fur les yeux.....». Traité de l'entend.
humain , trad. pag. 18.

« Les principes innés fe feroient voir avec
» plus d'éclat dans les enfans, les imbécilles,
» les fauvages , les gens fans lettres : ils n'ont
» point l'efprit altéré & corrompu par les
» opinions étrangeres ; les penfées s'apper-
» çoivent fans peine dans les enfans & autres ;
» ils n'emploient aucuns déguifemens pour
» cacher leurs penfées : on devroit les ap-
» percevoir avec autant de facilité que le
» penchant pour le plaifir & l'averfion pour
» la douleur ». Pag. 63.

Il prétend que la juftice & l'obfervation
des contrats ne font pas des principes innés ;
mais il foutient que la juftice & la vérité font
les liens de toute fociété. Pag. 70.

De ce qu'il dit qu'il n'y a aucune loi innée,
on auroit tort d'en conclure qu'il croit qu'il
n'y a que des loix pofitives. « Ce feroit,

Quelles

Quelles sont les principales loix naturelles que les hommes doivent observer envers les autres hommes ?

Faites du bien à vos semblables & leur dites le vrai. Telle est la morale, disoit Pithagore.

On ne peut trop le répéter : *Faites du bien aux hommes & leur dites le vrai.* Mais si vous êtes au-dessous de cette vertu, ou si les circonstances vous défendent de l'exercer ; du moins, ah ! du moins ne leur faites point de mal, & ne les

---

» ajoute-t-il , prendre tout-à-fait mal ma
» pensée. Il y a une grande différence entre
» une loi innée & une loi de nature, entre
» une vérité gravée originairement dans
» l'ame & une vérité que nous ignorons,
» mais dont nous pouvons acquérir la con-
» noissance, en nous servant comme il faut
» des facultés reçues de la nature ». p. 96.

G

trompez pas. Vous appellez juſtement méchans & perfides ceux qui vous font du mal & qui vous trompent. N'enfreignez pas ce principe de mœurs conſacré par la religion : *Ne faites pas à autrui ce que vous ne voudriez pas qu'on vous fît.*

Ces loix ſacrées ne doivent pas connoître la diſtinction des nations.

ARTICLE II.

Juriſdictions indépendantes de la convention.

ON a conſidéré cette faculté qui, chez nous, apperçoit ce qui eſt juſte comme un ſixieme ſens : on l'appelle *ſens moral.* Il eſt commun à tous les hommes qui jouiſſent de leur raiſon, ou plutôt

c'est la raison même. Ce juge siege
dans tous les cœurs; le même
flambleau les éclaire.

L'homme sent assez, & quelquefois trop, ce que lui doivent
les autres hommes. Par une conséquence bien simple, il peut facilement appercevoir ce qu'il leur
doit. C'est dans cette réciprocité
de devoirs, apperçue facilement
par la premiere réflexion, qu'il
semble que consistent principalement les rapports de l'homme en
société, & c'est cette faculté de
notre être, qui distingue ainsi par
la premiere réflexion le bien & le
mal, que l'on doit appeller *sens
moral* ou conscience.

Le sens moral a plus ou moins
d'énergie dans les hommes. Si nous
balançons dans nos devoirs, un

fage *conseil* nous soutient, comme l'appui d'un homme robuste raffermit les pas chancelans d'un homme foible. L'homme juste, l'homme éclairé que vous consultez, pour mieux vous conseiller vous-même, n'est point entraîné par l'intérêt personnel, n'est point agité par les passions, qui souvent subjuguent la volonté, malgré les efforts de la raison; il peut vous soutenir au bord du précipice.

Quand Ciceron dit que l'homme juste & plein d'esprit n'est jamais un homme privé, qu'il est un vrai *magistrat*, c'est par rapport au conseil. Cette magistrature est sans coaction.

Dans les contestations qui concernent la physique, la médecine, & les autres sciences qui exigent une étude particuliere, les maîtres de l'art ſont, pour ainſi dire, les juges des juges mêmes ; mais ils n'ont que le *conſeil* ſans aucune force coactive.

Ces juriſdictions, conſidérées ſeulement comme diction de droit, ſont indépendantes de la convention, ſont indépendantes des lieux & des temps.

SECTION II.

De la convention, des loix & juriſdictions qui en dérivent.

ARTICLE PREMIER.

De la convention.

LA bonne foi fut la premiere reine de l'univers. Les romains lui avoient érigé un temple (1) , afin que ceux qui l'avoient dans le cœur cruſſent y avoir la divinité même.

Auſſi - tôt que les hommes exprimerent leurs idées par des paroles , ils purent ſe procurer facilement les avantages de la convention. Auparavant ils n'en auroient eu la faculté que par ſignes.

Si nous abuſons de la parole , de ce don du ciel qui nous a été accordé pour exprimer nos idées & nos ſentimens , ſi nous nous en ſervons pour tromper , nous nous

---

(1) *Benè verò quod mens , pietas , virtus , fides conſecratur manu , quarum omnium Romæ dedicata publicè templa ſunt , ut illa , qui habeant (habent autem omnes boni) deos ipſos in animis ſuis collocatos putent.* De legibus, l. 2 , n. 11.

ravalons au-deſſous des bêtes. Elles n'ont pas cette expreſſion de la vérité, mais elles ſont dans l'heu- reuſe impuiſſance du menſonge.

On voit combien la loi de la convention eſt ſacrée pour tous les hommes. Il eſt inutile d'inſiſter ſur une vérité auſſi conſtante.

ARTICLE II.

Des loix qui dérivent de la convention.

LES loix qui dérivent de la convention ſont toutes les pactions entre les hommes, de quelque nom qu'on les appelle, *conventions*, *pactes*, *contrats*, *traités*.

Les conventions, les pactes, les contrats, les traités qui ne ſont point contraires aux bonnes mœurs font du droit naturel ou des gens (1), & obligent naturellement , dans quelque lieu qu'on se transplante. Il faudra se rappeller souvent cette vérité.

C'est une loi qu'on s'est imposée à soi-même : on ne peut réclamer contre elle. Dans tous les lieux elle nous suit.

Lorsque les hommes étoient fideles à leurs engagemens, il n'étoit pas nécessaire de constater les conventions par des actes & par des contrats ; la perfidie a enfin obligé d'y avoir recours.

______

(1) *Jus autem gentium omni humano generi commune est . . . . & ex hoc jure gentium omnes penè contractus introducti sunt, ut emptio & venditio, locatio & conductio, societas, depositum, mutuum & alii innumerabiles.* Inst. l. 1, t. 1, §. 2. *Illud interim hic affirmare ausim nullam obligationem dici posse simpliciter & absolutè esse juris civilis.* Vinnius, *ibid.*

Dans l'état naturel, c'est-à-dire, avant tout gouvernement, on a pu conftater les conventions par des contrats, comme entre les nations on les conftate encore par des traités.

Il n'y avoit point de force coactive pour l'exécution. C'eft l'heureux avantage que procure le gouvernement civil.

Lorfqu'une convention, qui n'eft point contre les bonnes mœurs ou les loix pofitives, eft conftante aux yeux du fouverain, eft revêtue de formalités fuffifantes pour lui en attefter la vérité, il fait & doit faire ufage de la force publique pour en procurer l'exécution, dans quelque lieu qu'elle ait été pafsée.

Quand la convention n'eft pas expreffe, on a fouvent recours à

la convention tacite (1). Il y a des
conventions tacites que l'on a rai-

-----

(1) Dans une matiere où la convention
joue un si grand rôle, il n'est pas inutile de
rapporter le sentiment de deux célebres jurisconsultes, Barbeyrac & Vinnius, sur les
conventions tacites.

« Le consentement tacite résulte propre-
» ment de certaines choses faites ou omises
» de propos délibéré, mais qui, par elles-
» mêmes, ne tendent pas directement à mar-
» quer une approbation précise de la chose
» dont il s'agit. On distingue encore, sur-tout
» dans le droit romain, un consentement
» présumé ou, comme parlent les juriscon-
» sultes, feint, qui consiste en ce que, quoi-
» que une personne ignore absolument ce
» qui se passe, & par conséquent qu'il ne
» puisse y donner les mains ni directement ni
» indirectement, on ne laisse pas de supposer
» qu'elle y acquiesce, parce qu'on présume
» que si elle en avoit connoissance, elle con-
» sentiroit volontiers, ou du moins elle le
» devroit, selon les maximes de l'équité na-
» turelle. Mais cette derniere sorte de con-
» sentement n'est d'aucun usage ni d'aucune

son de considérer comme aussi certaines que les expresses. Il y en a

---

» nécessité dans la vie civile, & les juriscon-
» sultes ne l'ont inventée que pour fonder
» là-dessus certaines obligations dont ils ne
» voyoient pas les véritables principes. Si
» l'on y fait bien réflexion, on trouvera
» que tout ce qu'ils rapportent à ce consen-
» tement présumé ou feint peut aisément
» être déduit, ou d'un consentement tacite
» proprement ainsi nommé, ou des devoirs
» absolus de la sociabilité, sans supposer
» aucun consentement ». Barbeyrac sur
» Puffendorf, l. 3, ch. 6, §. 2, n. 3.

Il répete dans sa note 9, sur le liv. 4, ch. 13,
§. 5, que « les jurisconsultes romains sup-
» posoient le consentement dans ce qu'ils
» appelloient les quasi-contrats, la gestion
» des affaires d'autrui sans commission, le
» maniement d'affaires communes sans so-
» ciété, l'administration d'une tutele, l'adi-
» tion ou acceptation d'une hérédité, le
» paiement d'une chose qui n'étoit pas due.
» L'obligation vient, ou d'une convention
» tacite proprement ainsi nommée, ou d'une
» loi positive, ou des maximes toutes seules

d'autres qui ne font que probables
& fondées en préfomptions, en

» de l'équité naturelle, fans qu'il foit befoin
» de feindre un contrat formel d'une perfonne
» qui ignore abfolument ce qui fe paffe ».

Vinnius prétend que l'obligation qui naît
de ce que le droit romain appelle des quafi-
contrats ne dérive point de la convention,
*funt qui etiam ex conventione hic obligationem
nafci tradunt, non quidem expreffâ, fed tacitâ,
quod non probo*; mais il prouve bien qu'il y
a des conventions tacites auffi certaines que
les expreffes.

Qu'importe que nous déclarions notre
volonté par la chofe ou par le fait, ou par
la convention verbale. La convention tacite
n'eft pas moins une convention que l'expreffe
dans tous les contrats : ce qui eft tacitement
convenu eft comme s'il étoit exprimé ; ainfi
la fociété, le mandat, la location fe con-
tractent tacitement : *Nam quid refert, tacitè
feu re & facto aliquo confenfus declaretur, aut
verbis & conventione expreffâ? Utique enim tacita
conventio non minus vera conventio eft.* L. 2. L. 4,
§. ult. de pact. . . . . *In omnibus contractibus,
quod tacitè inter contrahentes agitur, pro expreffo*

conjectures, en probabilités, en vraisemblances.

---

habetur. L. 3, de reb. cred. L. femper 35, de reg. juris. *Ita focietas tacitè contrahi poteft.* L. 4, pro focio. *Item mandatum.* L. 6, §. 2, L. qui patitur 18, mand. *Locatio, conductio.* L. 13, §. ult. locat. Vinnius, inft., lib. 3, t. 28.

Il y a des conventions tacites qui dérivent du contrat, comme la convention de reftituer, qui dérive du prêt, du dépôt, du gage. La convention eft faite par plufieurs ; le quafi-contrat vient prefque toujours du fait d'un feul. Par le quafi-contrat nous fommes obligés, même malgré nous, & fans le favoir : les pupilles, les furieux en font tenus.

Denique conventio fæpe titulo contractûs incluʃa eft, ut conventio reftituendi in mutuo, commodato, d pofito, pignore. Sed nec poʃʃe hîc tacitam conventionem intervenire intelligi ex eo patet, quod omnis conventio plurium eft. L. 1, §. 1. de pactis. *Hic autem ex facto unius ferè obligatio oritur : adde quod quafi ex contractu inviti quoque & ignorantes obligamur.* §. 1, inf. hoc tit. L. 2, de negot. geft. *Adeo ut eâ obligatione etiam furiofi & pupilli teneantur.* L. 5, §. etfi 5, dict. tit. L. furiofus 46, de obl. &

Ces conventions paroiſſent devoir s'étendre, comme les expreſſes,

---

act. poſtremò nuſquam proditum eſt ullum conſenſum hîc vel tacitè intervenire, ſed obligationem ex re naſci. Dict. leg. 46, ibid.

Gardez-vous bien de ſuivre l'opinion de ceux qui ne reconnoiſſent que des conventions expreſſes ; ils ne diſtinguent pas ce qui eſt vrai de ce qui eſt exprimé, ce qui eſt tacite de ce qui eſt feint.

Le quaſi-contrat eſt toute eſpece de fait non malhonnête, d'où naît une obligation ſans convention.

Sed cavendum omninò eſt ab iis, qui nullum verum contractum agnoſcunt, ſine expreſſâ conventione, nullam veram conventionem quæ non eadem expreſſa ſit, confundentes expreſſum cum vero, tacitum cum falſo & ficto. Factum unde hîc obligatio naſcitur, cum interpretibus, contemptâ quorumdam ſuperſtitione, quaſi contractum appellamus. . . . . Sic autem non malè quaſi contractum definiemus factum omne non turpe, quo aut is qui fecit, alteri, aut alter ei, aut uterque alteri ſine conventione obligatur. Ibid.

Quand je remets à mon débiteur ſon billet,

dans tous les lieux avec leurs effets différens.

---

c'est convenir tacitement de ne pas lui demander ma créance.

Sed etiam tacitè consensu convenire intelligitur; & ideo debitori meo reddiderim cautionem (instrumentum crediti), videtur inter nos convenisse, ne peterem profuturamque ei conventionis exceptionem placuit. ff. de pactis, l. 14, ibid.

Mais quand je rends le gage, je ne remets point la dette s'il n'est autrement convenu.

Postquam pignus verò debitori reddatur; si pecunia soluta non fuerit, debitum peti posse, dubium non est, nisi specialiter contrarium esse probetur. ff. de pact. l. 3, ibid.

Le transport de meubles dans une maison louée est une convention tacite de les donner en gage de la location. Le muet peut ainsi contracter.

Item quia conventiones etiam tacitæ valent, placet in urbanis habitationibus locandis, invecta illata pignori esse locatori, etiamsi nihil nominatim convenerit. Secundùm hæc & mutus pacisci potest. L. 4, ibid.

Le jurisconsulte Paulus donne encore, dans

ARTICLE III.

Jurisdictions qui dérivent de la convention.

LES Jurisdictions qui dérivent de la convention sont, 1°. celle des médiateurs convenus, qui préparent les traités ou les transactions, en exposant ce qu'ils croient juste & vrai, 2°. celle des arbitres convenus, qui suppléent à la convention par leurs décisions.

Le médiateur semble n'être distingué du conseil que parce qu'il a l'avantage d'être choisi par les deux parties. Sa décision ne fait

---

la même loi, un exemple de conventions tacites.

Dans la stipulation de la dot, il y à une convention tacite, la condition si le mariage suit ; s'il ne suit pas, la stipulation s'évanouit : *Et nuptiis non secutis evanescit stipulatio.* Ibid,

loi qu'autant qu'elle eſt approuvée par la convention, par les traités, par les tranſaȼtions.

Quant aux arbitres, ils ne ſeroient pas néceſſaires ſi les hommes, pour finir leurs différends, conſultoient leurs lumieres naturelles, ou s'en rapportoient à des conſeils éclairés & juſtes, ſoit particuliers, ſoit convenus entre eux. Mais enfin, quand deux hommes ne s'accordent pas & deſirent cependant s'accorder, rien de plus ſimple que de choiſir un tiers pour décider la conteſtation qui eſt née. Premiere eſpece d'arbitre.

On peut auſſi élire des arbitres pour les conteſtations futures. C'eſt la derniere nuance entre les juriſdiȼtions naturelles & les juriſdictions civiles.

Il est facile de sentir que l'espece d'autorité attachée aux décisions des médiateurs & des arbitres est absolument indépendante des bornes des empires.

La décision des médiateurs, que suivent les conventions des parties, c'est-à-dire, les traités ou transactions; la décision des arbitres, qui a été précédée & confirmée d'avance par la convention des parties, c'est-à-dire, les sentences arbitrales, doivent participer à toute la faveur que méritent les conventions; chaque souverain doit y joindre, autant qu'il lui est possible, le sceau de l'autorité pour l'exécution.

On pourroit faire l'application de ces loix & de ces jurisdictions aux chefs de familles, en les pla-

çant dans l'hypotheſe où les familles ſeroient indépendantes de
tout gouvernement, de toutes loix
civiles. Mais j'ai déja dit que je les
conſidérerois d'abord de nation à
nation. Je rappellerai des idées
plus diſtinctes. Les familles, non
les nations, ſont ſubordonnées à
un gouvernement civil.

M. de Caſtillon, après M. de
Monteſquieu, appelle le droit des
gens le droit civil de l'univers :
c'eſt ce qu'il ne paroît pas qu'on
puiſſe même appliquer aux uſages
reçus entre les nations. Y a-t-il un
droit civil ſans coaction ?

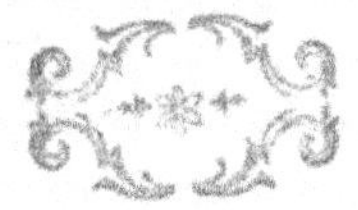

CHAPITRE II.

Loix & jurifdictions des nations.

SECTION PREMIERE.

Loix des nations.

DANS les différends de nation à nation, les hommes font obligés de prendre pour unique regle les feules loix naturelles. C'eft dans cette fociété des nations où on les difcerne dans toute leur pureté, parce qu'on rejette refpectivement tout ce qui ne leur appartient pas ; mais la guerre, ce malheureux inconvénient du droit naturel, les fait taire : ce font elles au furplus qui la préviennent, qui la finiffent, qui la rendent moins cruelle.

Faisons d'abord une réflexion simple. On peut dire de nation à nation, ce que les moralistes ne cessent de répéter d'homme à homme. L'intérêt particulier est compris dans l'intérêt général : ainsi, la loi de la grande société, c'est-à-dire, ce qui est utile à tous les hommes, semble devoir uniquement diriger les souverains. L'homme d'état qui se livre à d'autres vues, provoque sur sa nation le terrible droit de repré- sailles.

La politique de Louvois, qui mit le Palatinat en cendres, celle de Richelieu, qui alluma dans le sein de l'Angleterre le feu de la révolte, celle de Philippes II, qui, près de terminer ses jours, avoua être l'auteur de la mort de plus de vingt millions d'hommes (1), ne trouveront donc pas ici leur apologie ?

Saint - Evremont , dans cette lettre qui fut la cause de sa disgrace (2), & que Louis XIV ne

---

(1) Philippes II, dans son testament, dit avoir dépensé plus de six cents millions de ducats pour conquérir la France. Il conseille à son fils de ne point y entretenir de pensionnaires. L'affection des François pour leur roi rend tous les maneges inutiles. C'est là qu'il avoue être l'auteur de la mort de plus de vingt millions d'hommes. Mém. de Sully , W , verts , p. 41. Quel fait horrible ! Qu'une seule tête déréglée par un mauvais cœur peut causer de maux !

(2) « Pour peu que Dieu lui donne des » jours (au cardinal Mazarin), il fera son » propre bien de tout le royaume. . . . .
» J'ai trouvé qu'aux affaires particulieres » M. le cardinal étoit plein de difficultés, de » dissimulation, d'artifices avec ses meilleurs » amis ; dans les traités publics avec nos enne- » mis même, confiant, sincere, homme de

lui pardonna jamais, parce qu'elle attaquoit un ministre auquel il croyoit avoir des obligations essentielles, nous représente Mazarin comme un de ces peres de famille pleins de joie & de candeur hors de leurs maisons, & qui réservent à leurs femmes & à leurs enfans leurs humeurs, leur avarice & toutes leurs autres mauvaises qualités. Il peint au contraire le mi-

---

» parole, comme s'il eût voulu se justifier aux » étrangers de la réputation où il étoit parmi » nous, & rejetter les vices de son naturel » sur les défauts de notre nation.

» Pour don Luis, de l'honnêteté avec les » particuliers, de la franchise avec ses amis, » de la bonté pour ses créatures ; dans les » affaires générales, un dessein de tromper, » assez profond sous des apparences gros- » sieres, & peu de bonne foi en effet sous » l'opinion d'une probité établie », Vie de Saint-Evremont, p. 70 & 81,

niftre d'Efpagne faifant ufage de
la fraude & de l'aftuce pour tromper les étrangers, & concentrant
toutes fes vertus dans le fein de fa
famille.

Si l'on vouloit balancer l'un &
& l'autre caractere, il femble, en
les fuppofant vrais, que celui du
miniftre d'Efpagne mériteroit plus
d'indulgence, puifqu'il auroit cherché du moins à être utile à fa
nation, tandis que le miniftre de
France auroit toujours agi contre
la famille particuliere qu'il auroit
été obligé de protéger : mais on
fent bien que le caractere du bon
miniftre, comme du bon pere de
Famille, eft d'être jufte au-dedans
comme au-dehors, de chercher
moins à mériter les titres de magnifique & de libéral, que celui
d'équitable

d'équitable & de jufte, que celui d'homme d'une loyauté à toute épreuve & d'un attachement inviolable à fa parole.

Au furplus, fi, de bonne foi, les nations vouloient difcuter leurs droits refpectifs, elles les auroient bientôt conciliés ; ils font bien moins compliqués, bien moins difficiles à démêler que les droits des particuliers. L'équité naturelle, qui feule fuffit pour les décider, ne reçoit à cet égard aucunes entraves de la loi civile des différens peuples ; les vérités fe préfentent en grandes maffes.

Qui rend les conventions fi refpectables & fi facrées parmi les nations ? Pourquoi les élude-t-on plutôt qu'on ne les viole ouvertement ? Pourquoi fe reproche-t-on

H

respectivement les infractions des traités de paix ? On l'a dit avant moi, & je répete cette vérité, qu'en tout pays les hommes honnêtes sentent vivement : c'est en invoquant l'équité, en abusant de son nom, en se couvrant de ses habits, qu'on la déchire.

Quand l'équité naturelle ne parle pas clairement, quand les traités ne sont pas précis, quelles loix suivra-t-on ?

Il semble qu'il faille d'abord avoir recours à une espece de convention tacite, c'est-à-dire, à un usage qui s'est introduit parmi certaines nations voisines. Notre Europe, ainsi qu'on l'a remarqué, a ses usages particuliers, comme de ne pas faire esclaves les prisonniers de guerre.

Il faut bien distinguer ces usages reçus des conditions tacites, car les politiques ont établi pour principe de ne point avoir égard aux conditions tacites, sous-entendues & présumées des traités.

M. l'abbé Mably approuve ce principe (1), parce qu'il ne faut

---

(1) « Ce qui n'est point expressément
» marqué dans un traité n'y est point du
» tout. Ce n'est pas que je prétende qu'il ne
» puisse y avoir dans les traités, comme dans
» toutes les especes de contrats, des condi-
» tions sous-entendues, & qui sont présu-
» mées ; mais il me semble que les politiques
» ont eu raison d'établir entre eux pour
» principe de ne point y avoir égard. Plus
» la foi des traités est sacrée, plus il faut
» écarter avec soin ce qui peut y donner
» quelque atteinte (ce n'est pas y donner
atteinte que de les expliquer suivant la bonne
foi). » Faut-il exposer les traités à devenir
» le jouet des subtilités & des sophismes de
» l'ambition & de l'intérêt ? Il n'y a plus rien

pas, dit-il, expofer les traités à devenir le jouet des fubtilités & des fophifmes de l'ambition & de l'intérêt.

Il cite l'exemple du comte de Munich. Un officier françois avoit été obligé de capituler. Il s'étoit contenté de ftipuler, dans la capitulation, qu'il feroit tranfporté avec fes troupes dans un port de la Baltique. L'intention de l'officier françois étoit bien d'être conduit dans un port neutre, & d'y être libre, non dans le nouveau port que la Ruffie venoit d'y ouvrir.

>> de ftable entre les nations, fi l'on admet
>> dans leurs conventions des conditions
>> tacites ; car il n'eft que trop prouvé, pour
>> le malheur des hommes, que leurs paffions
>> les aveuglent, même fur leurs engagemens
>> les plus clairs & les plus évidens >>. Droit
public, t. 1, p. 71.

On le conduifit à Petersbourg : lui & fes troupes furent traités en prifonniers de guerre. On blâma l'impéritie de l'officier : on fe contenta de dire que le comte de Munich favoit profiter de fes avantages.

J'avoue que cet exemple ne m'engageroit pas à adopter le principe indiftinctement de ne pas recevoir les conventions tacites qui font du droit des gens (1). L'intention de l'officier françois, le tranfport ftipulé dans un port de la Baltique, c'eft-à-dire, fuivant l'évidence, dans un port neutre, où, de droit, lui & fes troupes devenoient libres, la faveur de la liberté, tout fe réuniffoit en faveur de l'officier françois contre le gé-

______

(1) Vid. *fupra*, relativement aux conventions tacites, p. 154, note.

néral ruffe ; tout lui auroit fait gagner fa caufe dans la plupart des
tribunaux ordinaires. On fait les
inconvéniens qui fuivent l'application trop littérale des loix angloifes.

Sans doute l'application littérale a fes avantages. Mais n'eft-il
pas bien fingulier qu'on ne pu-
niffe pas un homme qui a trois
femmes, parce que la loi ne ftatue
littéralement que contre celui qui
en a deux ?

L'application purement littérale
ne peut pas trouver de meilleur
apologifte que l'abbé Mably. Mais,
pour rappeller la comparaifon des
loix angloifes, eft-il donc néceffaire de mettre en droit pofitif les
premieres regles de la logique, ou
plutôt du bon fens ?

C'eft ce qui feroit cependant

plus simple encore que d'entrer dans de longues énumérations.

Ainsi, pour perfectionner la législation angloise, il faudroit faire adopter comme loi civile, par les trois pouvoirs de cette nation si pensante, si réfléchissante, quelques regles simples de logique, ou plutôt de raison. Le tout est plus grand que sa partie : si un, *à fortiori* deux, &c.

SECTION II.

Jurisdictions des nations.

A QUELLE jurisdiction peut-on avoir recours pour prévenir ou pour terminer la fureur des guerres, quand les loix convenues, les traités sont absolument anéantis par les premieres hostilités ?

H 4

Si tous les souverains avoient consulté d'abord le juge intérieur qui réside au fond de leur ame, comme dans celle de tous les autres hommes ; si, dans le doute, ils avoient consulté l'homme vrai, combien de guerres cruelles ne feroient pas nées ou auroient été étouffées dès leur naissance ! Mais il est peu de Cineas, & Cineas rencontra Pirrhus.

Pour terminer les guerres, on s'en rapporte à des médiateurs qui se présentent quelquefois d'eux-mêmes. Ils se dépouillent de tout intérêt particulier (1) pour s'oc-

____

(1) « Les ambassadeurs romains, envoyés
» pour ménager un accommodement entre
» les clusiniens & les gaulois, n'ayant pu
» réussir dans leurs négociations, combat-
» tirent contre les clusiniens. Quelques gau-

cuper de l'intérêt général. Ainfi,
lors du fameux traité de Weftphalie, Fabio Chigi, pour le pape,
étoit médiateur avec le fénateur
Aloyfio Contarini pour la république de Venife (1).

» lois vouloient qu'on marchât droit à Rome.
» Sur l'avis des plus fages, on envoya porter
» plainte de cette infraction au droit des gens ;
» on demanda les ambaffadeurs coupables :
» les romains ne leur donnerent aucune fatis-
» faction. Brennus brûla Rome , & ne leva
» le fiege du capitole que moyennant une
» fomme de mille livres pefant d'or. Les
» gaulois revinrent triomphans dans leur
» patrie, quoi qu'on ait imaginé pour fauver
» l'honneur des romains ». Hift. des anc.
traités, par Barbeyrac , art. 209.

Nos aïeux avoient une idée faine du droit
des gens. Des médiateurs ne doivent pas agir
en ennemis.

(1) La paix de Munfter fe fit par la médiation de Venife & de fon ambaffadeur le fénateur Aloyfio Contarini , lequel, eft-il dit dans
le préambule du traité, s'eft exactement ac-

Cependant ce traité renfermoit la sécularisation de plusieurs bénéfices en faveur des princes protestans, sécularisation que la paix nécessitoit, mais que le pape ne croyoit pas devoir approuver expressément. Le sénateur vénitien fut seul nommé par le traité. Le pape fit même une protestation solemnelle : il délia du serment

---

quitté de la fonction de médiateur avec un esprit éloigné de partialité.

Heiss observe que Fabio Chigi, nonce du pape Urbain VIII & Innocent IX, auquel il succéda sous le nom d'Alexandre VII, avoit été aussi médiateur à Munster pendant tout ce temps-là, mais qu'il ne voulut pas être nommé dans le traité, parce qu'on y sécularisoit beaucoup de bénéfices considérables en faveur des protestans, & que l'on approuvoit celui d'Osnabruck, par lequel on en avoit sécularisé davantage. **Hist.** de l'empire, par **Heiss**, t. 4.

relativement à ces objets. Cependant le traité renferme encore le droit public d'Allemagne.

Il peut fe préfenter des difficultés relativement aux médiateurs eux-mêmes. Nulles loix , nulles jurifdictions pour les terminer. On cherche à les applanir ; on trouve bientôt des tempéramens que la convention adopte & confirme. Ainfi, le pape offroit fa médiation lors de la paix de Nimegue ; mais il témoignoit beaucoup de répugnance (1) à envoyer des miniftres

---

(1) Le pere de la difcorde s'efforce, difoit le nonce , de rendre inutile la médiation du faint pere, en excluant fes repréfentans du lieu du congrès, qui eft une ville hérétique. *Il padre delle difcordie . . . . che particolarmente fi sforza di rendere inutile la paterna mediazione di S. B. efcludendo dal luogo del congreffo i fuoi rapprefentanti par la naturale & infuperabile incom-*

dans cette ville, parce qu'elle étoit protestante. On lui proposa Ra-

---

patibilita d'una citta heretica, alla dimora di ministri pontificii. Mém. de Nimegue, p. 105.

Voici la réponse de l'empereur. Je me sers de la traduction françoise. « Pour le lieu de
» l'assemblée, si S. M. impériale étoit la seule
» qui en pût disposer ou qu'il dépendît d'elle
» de changer en un autre celui qu'on auroit
» désigné, elle auroit choisi dans l'Empire
» quelque ville catholique ; . . . . . mais la
» France s'étant obstinée à n'en vouloir point
» dans l'empire, S. M., de peur qu'on ne lui
» imputât d'avoir peu d'amour pour la paix,
» a consenti au choix de Nimegue, mais de
» telle maniere, que c'étoit moins l'agréer
» que le refuser : mais, quelle que soit cette
» place, si les intéressés l'acceptent, elle n'y
» contredira pas : même elle ne voit pas que
» l'on doive s'y opposer, d'autant moins
» que Ravestein est assez proche de Nimegue.
» Cette ville étant catholique, & sujette au
» duc de Juliers, M. le nonce y pourroit
» faire commodément l'office de sa léga-
» tion. La médiation du saint siege, qu'il re-
» présente, n'étant que pour les trois cou-

veftein, ville catholique, dépen-
dante du duc de Juliers. De cette
ville, les miniftres du pape fe ren-
droient au lieu de l'affemblée. Ce
parti avoit été heureufement fuivi
lors de la paix de Weftphalie. On

» ronnes de l'Empire, d'Efpagne & de
» France, il n'eft point obligé de demeurer
» inceffamment dans le lieu de l'affemblée....
» Le meilleur eft de s'arrêter ou au premier
» (moyen), que S. S. a fi heureufement
» fuivi dans la paix de Munfter, ou de tenter
» fi la négociation qui fe fera dans le lieu
» même ne fera point & la plus courte & la
» meilleure ». Pag. 121.

Le pape fuivit ce dernier parti. Le nonce
vint à Nimegue. Pag. 354.

Lors de cette paix de Nimegue, il s'éleva
d'abord des difficultés par rapport à la qualité
de duc de Lorraine que prétendoit le prince
Charles, comme il s'en étoit élevé lors de
la paix de Munfter par rapport au Roi d'Efpagne, qui prenoit celles de duc de Barcelone
& de roi de Navarre. Les médiateurs déci-
dèrent que les qualités ne pourroient nuire,

faisoit cependant appercevoir la négociation à Nimegue comme étant *la plus courte & la meilleure.* Le pape envoya directement son nonce à Nimegue.

Lors des premieres négociations de cette paix, la Suede fut accusée d'avoir quitté l'office de médiatrice, gagnée par l'argent de la France (1). Ce reproche n'étoit pas flatteur. La Suede s'est empressée de se justifier (2).

---

(1) *Etsi autem Suecia à partibus mediatoris in castra adversa, gravi Gallorum ære conducta, transierit, quod unicè optavit Gallia.* Observations de l'empereur sur un mémoire donné aux ambassadeurs de France, mém. de Nimegue, p. 49.

(2) *Licet non solùm frustra fuerit conatus noster omnis, quo pacando orbi christiano allaboraverimus, verùm etiam ad arma suscipienda adacti fuerimus necessitate tuendi Westphalicam*

On aime à voir le procédé du prince qui succede à la Suede, lorsqu'il sacrifie toute étiquette, toutes les prérogatives attachées à la médiation, pour ne pas retarder d'un seul instant, par la vue d'un faux point d'honneur, la conclusion d'une paix desirée (1).

---

pacem, securitatemque quâ pace illa stabilita est. Il accepte avec plaisir la médiation du roi d'Angleterre que celui-ci lui avoit offerte : *Acceptâque, eo quo par est animo, ac affectu gratâ mediationis operâ, quàm nobis quoque altè memoratus rex magnæ Britanniæ obtulit, voluerimus non solùm in congressum hunc, quem faustum felicemque animitùs precamur, sine morâ etiam consentire, sed & legatos, &c. . . . .* Ibid. p. 171.

(1) « Le roi de la Grande-Bretagne avoit
» donné ordre à ses ambassadeurs de recevoir
» indistinctement les premieres visites de
» tous les ministres qui devoient venir à
» l'assemblée, sans aucune distinction de ca-
» ractere, ou sans considérer s'ils étoient les
» premiers ou les derniers venus. . . . S. M.

Lors de la paix de Rifwick, plufieurs puiſſances ambitionnerent
inutilement la médiation (1).

» avoit jugé à propos, après une mûre déli-
» bération, de ceder fur un point de céré-
» monie qui ne touchoit qu'elle feule, plutôt
» que de faire perdre un feul moment de
» temps qui devoit être fi précieux à l'avan-
» cement de l'affaire même. *Ibid.* p. 260.

(1) Les mémoires hiſtoriques de la paix de
Rifwik difent, p. 27, que « le nonce offrit la
» médiation de S. S. à Louis XIV , qui s'ex-
» cuſa fort adroitement de confier la média-
» tion à S. S. pour des raiſons très-particu-
» lieres, dont il lui communiqua quelques-
» unes. Il répondit à l'ambaſſadeur du roi de
» Portugal, qui avoit toujours exactement
» obſervé la neutralité , qu'il accepteroit
» volontiers de tous les rois & potentats
» neutres leur médiation & leurs bons offices
» pour la paix, en cas que les princes alliés
» y vouluſſent concourir. Le roi de Portugal,
» qui attendoit une réponſe plus convenable
» à fon compliment, étant d'ailleurs informé
» que S. M. très-chrétienne amuſoit tous les
» états de l'Europe, en leur deſtinant en ap-

Lorſque, dans les relations de cette paix, on lit le détail des honneurs accordés dans les conférences à l'ambaſſadeur de Suede, qui s'acquitta de ce précieux de-

---

» parence la médiation, qu'il l'avoit promiſe
» à Rome, à Veniſe, aux cantons Suiſſes,
» pour ne rien dire du Danemarck & de la
» Suede (s'il l'avoit promiſe, pourquoi la
demandoit-on ? Il ſemble que ces reproches
ne ſont pas conſéquens), » & que ſon but
» n'étoit que d'avoir un médiateur plus à ſon
» gré, & qui fût moins droit & moins ſincere
» dans ſes procédés, ordonna à ſon ambaſ-
» ſadeur de ne plus parler de cette affaire,
» & que ſi le roi avoit beſoin de ſa média-
» tion, il pourroit bien la faire demander
» lui-même à Lisbonne.

» La république de Veniſe, amuſée long-
» temps, eut pareille réponſe.

» La Savoie ayant abandonné les alliés
» pour la France, fit auſſi demander la mé-
» diation à l'empereur, qui lui fit comprendre
» fort modeſtement le tort qu'elle avoit de
» la prétendre ».

voir, de cette jurifdiction de confiance, à la fatisfaction de toutes
les parties, quand on lit les témoi-
gnages flatteurs qui font prodigués
au roi & à fon miniftre dans le
préambule d'un traité qui devoit
faire fuccéder les douceurs de la
paix aux horreurs de la guerre la
plus acharnée, on partage le plaifir délicieux dont ils ont dû être
affectés.

Il peut y avoir auffi des arbitres
entre les fouverains, foit pour décider une conteftation, foit pour
l'exécution des traités (1).

____

(1) « Et là où il adviendroit quelque dif-
« fention ou débat parmi eux (que Dieu ne
» voulût), ils en demeureroient à la connoif-
» fance de Guillaume Bafto, Guillen d'A-
» gnieres & Roftang de Carbonnieres (mai-
» fon pour cejourd'hui très-noble en Gaf-

Malheureusement les souverains
peuvent toujours appeller à leur

>> cogne), chevaliers & gentilshommes du
>> pays, amis communs & serviteurs affec-
>> tionnés des deux parties. Pour l'observation
>> de toutes ces choses, Alphonse donneroit
>> en ostage Guillaume Porcelet & Blacas,
>> chevaliers & principaux gentilshommes
>> de son hôtel <<. Ils se donnerent des otages
qui jurerent l'observation du traité. Art. des
conventions entre Alphonse, comte de Provence, & Hugues, baron de Baulx, en 1178,
tirés de la chronique de Provence, par Cesar
Nostradamus, 1er vol. dipl.

Tel est un autre traité entre les rois d'Angleterre & les rois de France. Ils nomment
des arbitres pour terminer les différends qui
pourroient naître. Si nous ne pouvons,
disent-ils, convenir sur certains objets qui
ne font point arrêtés, nous avons choisi
chacun trois évêques & trois barons qui,
après avoir cherché à connoitre la vérité,
jugeront de notre droit; &, de bonne foi,
nous exécuterons ce qu'ils auront jugé.

Si autem super his quæ superius excepta sunt,
per nos ipsos convenire non poterimus, ego, Lu-

épée de la sentence arbitrale. Il
en étoit ainsi de chaque individu
dans l'état naturel.

Mais n'est-il donc pas possible
de nommer des arbitres pour les

---

*dovicus, rex Francorum, elegi tres episcopos.....
& tres barones .... & ego, Henricus, rex Angliæ, elegi tres episcopos.... & tres barones....
ex parte meâ, qui, inquisitâ diligenter hinc inde
veritate, tam per se ipsos, quàm per juramenta
hominum terrarum illarum, prædicti episcopi, in
verbo veritatis, assecurabunt, & laici jurabunt,
quòd quæcumque cognoverint, de jure cujuscumque
nostrum esse, hoc inter nos dicent, & nos eorum
dicto, bonâ fide, firmiter stabimus.* 25 septembre
1177. Traité entre Louis VII & Henri II,
1er vol. diplom.

C'est ce qu'on voit encore dans une convention entre Philippe II, roi de France, &
Henri II, roi d'Angleterre. *Si autem super his
quæ excepta sunt, per nosmetipsos convenire non
poterimus, ego, Philippus, tres elegi episcopos &
barones ; & ego, Henricus, totidem qui inter nos
dicent ; & nos eorum judicio stabimus firmiter &
bonâ fide.* 1180. Form. fœderis inter Philip. II,
Fr. reg. & Henr. II, Angl. reg. 1er vol. dipl.

contestations futures ? Peut-on dire encore, fans s'expofer au ridicule, que ce tribunal conveuu pourroit être compofé des repréfentans de tous les fouverains ? Nouvelle affemblée d'amphictyons, ils décideroient du fujet de la querelle ; & toutes les puiffances, prenant le parti de la bonne caufe, forceroient l'exécution du jugement. On fent qu'un pareil fyftême opéreroit le même effet que dans les gouvernemens opere la force coactive.

Le feu de la rebellion n'étoit pas encore éteint dans le fein de la France, & Henri IV, embraffant toute l'Europe dans fes projets de paix, defiroit former un confeil qui décidât paifiblement de la querelle des fouverains, & fît une

vaſte famille de l'Europe entiere (1).
L'humanité n'a jamais rien conçu

---

(1) « Parmi les différentes parties du projet
pour établir la république chrétienne, il eſt
propoſé d'établir un conſeil commun , &
prendre pour exemple celui des amphiƈtyons ,
en le perfeƈtionnant ſuivant les mœurs des
pays.

Le pape , l'empereur, les rois de France ,
d'Eſpagne, de la Grande-Bretagne , de Danemarck , Suede & Pologne , & la ſeigneurie
de Veniſe , nommeroient chacun quatre perſonnes diſtinguées par leur probité , l'eſprit
& le jugement ; les rois de Hongrie , Boheme ,
Naples & Sicile , Sardaigne , les cantons
Suiſſes , les Pays-Bas enfin, les ducs de Flo-
rence , Milan , Savoie , Mantoue , Parme ,
Modene & Genes enverroient chacun deux
députés, en tout ſoixante-ſix perſonnes. On
feroit des nominations de trois ans en trois
ans ». Anciens mém. de Sully, 5ᵉ t. imprimé à
Rouen en 1662 , p. 304.

Des auteurs ont attribué ce projet aux
ſecrétaires de Sully. Mais une lettre écrite
au roi par Sully ſemble ne laiſſer aucun
doute ſur la réalité du projet formé par

de plus ſublime ; ce ſont les vues d'un dieu conſervateur.

Henri IV , qui l'avoit médité dix ans, qui en avoit fait part à ſes meilleurs ſerviteurs. Il eſt mis en marge : *Lettre de M. de Roſny au Roi , en forme de diſcours , par ſon comman-dement.* Les auteurs prient M. de Sully de les excuſer : ils lui rappellent que pluſieurs manuſcrits ſur cette importante matiere ſont perdus. Mais ils vont donner quatre de ſes lettres au roi, « vous priant de nous excuſer
» s'il ſe trouve quelques ratures en icelles ,
» tranſpoſitions de mots, des redites ſuper-
» flues pour avoir été miſes ailleurs , &
» quelques vocables impropres , d'autant
» que nous les avons développées d'entre des
» brouillards ſi raturés , que nous avons eü
» mille peines à les mettre au net ».

Dans la premiere lettre , M. de Sully dit que ceux qui n'auront pas médité ſur ces deſſeins « les eſtimeront extravagans , voire
» aucuns du tout impoſſibles ; mais je ne
» doute pas que ceux qui auront intelligence
» & jugement ne les priſent & louent comme
» ils méritent , voire n'avouent que jamais
» roi , empereur ni monarque ne fit d'entre-

Sully considéra d'abord ce projet de Henri IV comme un songe brillant : bientôt il le crut possible. Qu'on lise ses anciens mémoires, on verra dans quels détails, dans quelles combinaisons il se plongea pour conduire ce projet à sa perfection.

Henri IV alloit partir pour l'exécuter, quand il fut enlevé à la France par une furie infernale,

---

» prise si splendide, esclatante & magnifique, » & par conséquent ne trouvent point » étrange que V. M. ait médité dix ans sur » iceux & en ait rendu participant tous les » états & princes qu'elle a pu unir à son » amitié & joindre à son association, & » encore tous ceux de vos grands officiers » & serviteurs affidés qu'elle a jugé les plus » secrets, discrets, prudens & judicieux, » avant que de prendre une finale résolu- » tion ». Mém. de Sully, W. verts, p. 438 & 439.

jalouse

jaloufe du bonheur des hommes.
Ce projet a paru fi chimérique, fi
impraticable , qu'on a douté fi
Henri IV & Sully l'avoient jamais
formé. On ne le confidere ordinairement que comme un fyftême
bien poftérieur à Henri IV , que
comme un rêve de l'honnête abbé
de Saint-Pierre. Où trouver des
repréfentans affez integres pour
juger les nations? Les fouverains
voudroient - ils jamais compro-
mettre ainfi leur autorité? Il femble
que la balance de l'Europe ne foit
qu'une chimere depuis les guerres
de la Pruffe.

Plus il paroît qu'on eft dans l'im-
poffibilité de finir les conteftations
des fouverains par des arbitres,
plus il eft facile de voir combien
on doit apporter de précautions

dans la confection des traités de paix, & combien on doit les res-pecter.

Aussi leurs nœuds ont-ils été multipliés, ont-ils été resserrés le plus étroitement qu'il a été possible. On a employé des sermens, des conservateurs, des garans.

Autrefois même des seigneurs inférieurs se rendoient garans des traités de leurs suzerains, & ju-roient de passer sous la puissance de celui à qui on auroit manqué de foi (1). Comme le remarque

______

(1) Si le roi d'Angleterre n'observe pas le traité, ceux qui auront juré ce traité pour lui se rendront en captivité auprès du comte dans un mois du jour qu'ils l'auront su de bonne foi, sans aucune sommation du comte, & réciproquement si le comte, &c. *Ita quòd si rex Angliæ hoc fœdus & hanc conventionem non observaverint, illi qui juraverunt hoc fœdus*

M. l'abbé Mably (1) , c'étoit une
pure formalité.

---

*& hanc conventionem tenendam pro rege Angliæ ,
mittent fe in captionem præfati comitis infrà
menfem , poftquam id bonâ fide fcierint , non ex-
pectatâ fubmonitione dicti comitis. Similiter fi
dictus comes , &c.* Traité entre Richard , roi
d'Angleterre, & Baudouin, comte de Flandres,
1196 , 1ᵉʳ vol. dipl.

Dans un traité entre Philippes - Auguste
& Jean-fans-Terre , ceux qui le fignent
jurent qu'ils pafferont avec tous leurs fiefs au
fervice de celui qui fe plaindra juftement de
l'infraction du traité. *Similiter hoc modo juravimus quòd cum omnibus feodis fuis ad nos ve-
nirent , fi dominus , rex Franciæ , hanc pacem non
teneret , ficut eft divifa. Nos autem & oftagii præ-
nominati juravimus hæc omnia.* Ann. 1200 ,
1ᵉʳ vol. dipl.

(1) M. l'abbé Mably obferve , t. 1 de fon
droit public , p. 133 & fuiv. , qu'on a juré
l'obfervation des traités fur les châffes des
faints...... On fe foumettoit aux cenfures
eccléfiaftiques en cas d'infraction , comme on
le voit dans le traité entre François Iᵉʳ &
Charles V, du 3 août 1529. On nommoit

Si les garanties des traités, par des princes étrangers, étoient exécutées de bonne foi, elles devroient opérer à-peu-près le même effet que la force coactive dans le gou-

___

toujours des personnes pour être conservateurs. Ce n'étoit quelquefois que de simples ministres qui s'abouchoient pour réparer à l'amiable les infractions & châtier les infracteurs. L'usage des conservateurs est encore usité entre la Porte & les puissances voisines. C'étoient quelquefois des gouverneurs de province. D'autres conservateurs donnoient encore leurs scellés aux traités. C'étoient les principales villes & seigneurs qui promettoient de se déclarer contre leur souverain en cas d'infraction de sa part. Il cite le traité de Senlis, du 23 mai 1483. C'est, s'il ne se trompe, dans le traité de Blois, du 12 octobre 1505, qu'on nomme pour la premiere fois des princes étrangers pour conservateurs. L'usage des conservateurs auroit, dit-il, produit bien des désordres si c'eût été autre chose qu'une formalité. Il voit dans le traité de Cambrai les premiers modeles des garanties ordinaires.

vernement civil ; mais souvent elles ne sont d'aucune utilité ; souvent l'intérêt des garans a été la mesure de leur exactitude à maintenir la garantie.

M. l'abbé Mably semble avoir raison de blâmer la politique nouvelle d'avoir introduit la garantie des traités où toutes les parties intéressées n'étoient pas intervenues (1).

---

(1) « Puisque l'occasion s'en présente, je
» remarquerai l'abus qui, depuis le com-
» mencement de ce siecle, s'est glissé dans
» l'usage des garanties. Tant qu'on s'est con-
» tenté de ne les employer que pour affermir
» des conventions contractées avec connois-
» sance de cause, & qui avoient pour base
» un traité solemnel entre toutes les parties
» intéressées, rien ne pouvoit être plus utile
» à la société générale. Ces actes de garanties
» consolidoient les engagemens, parce que
» aucune puissance ne pouvoit protester

CHAPITRE III.

Loix & jurisdictions économiques ou de famille.

TROIS rapports se présentent dans la famille, celui du pere aux enfans, celui du mari à la femme, celui du maître au serviteur, & réciproquement.

Plusieurs loix naturelles sont fondées sur ces rapports, ou plutôt ce sont ces rapports eux-mêmes.

» contre, & qu'ils ne nuisoient point au droit » d'un tiers : il falloit s'en tenir là. En vou- » lant garantir des conventions où toutes » les parties intéressées n'étoient pas inter- » venues, comment n'a-t-on pas senti que » l'on contractoit invalidement, &c. &c. » Droit public de l'Europe, par M. Mably, t. 2, p. 162 & 163.

Nous n'entrerons pas ici dans le détail de ces loix.

Protéger, conserver, voilà quelle est la loi suprême qui domine le pere de famille dans les pays même où il est considéré comme seul législateur, comme seul administrateur, comme seul juge.

C'est ce qui, sans doute, a engagé Locke à dire que la puissance paternelle étoit plutôt un devoir qu'un pouvoir (1). En ce sens, on pourroit en dire autant de la puissance maritale & de la puissance paternelle. Cependant, quoique toutes puissances soient assujetties à des devoirs, il ne paroît pas exact de dire que ce sont plutôt des devoirs que des pouvoirs.

______

(1) Voyez la note 2 de Barbeyrac sur le §. 10 ; l. 6, c. 2 de Puffendorf.

Examinons le pouvoir ou l'autorité du pere de famille dans ſes différentes branches, nous verrons plus particuliérement la nature des loix & des juriſdictions économiques qui en dérivent.

SECTION PREMIERE.

Examen du pouvoir ou de l'autorité du pere de famille dans ſes différentes branches.

ARTICLE PREMIER.

Autorité paternelle.

LORSQUE les enfans ſont dans cet âge d'infirmité où le pere eſt obligé de penſer & d'agir pour eux, il a ſans doute une autorité naturelle indépendante de la con-

vention (1). Mais lorsque les enfans sont parvenus à cet âge où la
nature leur donne la même autorité sur d'autres enfans, il subsiste
bien une espece d'autorité qui,
pour fondemens, a la nature &
la raison, c'est-à-dire, la reconnoissance, le respect, cette confiance qu'inspire l'amour paternel
& l'habitude d'obéir à des ordres
utiles. Il en résulte la subordination
la plus douce possible ; mais on
sent bien qu'il y entre une espece
de convention tacite (2).

---

(1) *Paterna pietas consilium capit pro liberis.*

(2) Je crois devoir modifier ainsi l'opinion
de Wolf, qui pense que « naturellement la
» puissance paternelle prend fin dès que les
» enfans sont parvenus à l'âge où ils peuvent
» pourvoir par eux-mèmes à toutes les choses
» nécessaires à leur conservation, & déter-
» miner leurs actions d'une maniere con-

Si le sentiment va souvent plus loin que la raison, qui peut inspirer de meilleurs moyens de décider que la piété paternelle, lorsqu'il s'éleve des contestations entre les enfans ?

Article II.

Autorité maritale.

Je pense, avec Wolf, que l'autorité maritale est absolument fondée en convention expresse ou tacite (1).

» forme à la loi naturelle : . . . . ils deviennent » alors leurs propres maîtres, & leurs actions » ne dépendent plus de la volonté de leurs » parens ». Extrait de Wolf, par M. Formey, t. 3, c. 4, n. 65 & 66. M. Rousseau semble outrer l'opinion de Wolf. J'ai fait ailleurs quelques réflexions sur l'opinion de M. Rousseau.

(1) « L'empire marital n'est pas naturel,

L'expresse dérive des conventions portées par le contrat.

La tacite dérive de la coutume
du pays où l'on contracte, où l'on
se propose d'habiter; les circonstances décident.

Je crois donc que l'esclavage
du sexe est absolument contre le
droit naturel ou des gens.

Quant à l'espece de subordi-

» & ne peut s'acquérir que par une conven-
» tion accessoire au mariage. La femme n'est
» point naturellement sujette au mari, mais
» elle peut le devenir. *Ibid.* ch. 2, n. 104.
» Quand l'usage a établi cette sujétion dans
» un pays, une personne du sexe qui se marie
» est censée consentir tacitement à en porter
» le joug, & le mari peut prendre d'abord
» le degré d'autorité qui est approuvé par la
» coutume ». *Ibid.* n. 105.

Si, suivant la loi civile, la femme est esclave, je crois qu'elle deviendra libre dans
un pays où l'on favorise la liberté.

nation du fexe le plus foible au plus fort, la plupart des loix civiles l'ont confidérée comme effentielle à la fociété & à l'avantage commun des deux époux.

ARTICLE III.

Autorité dominicale.

La convention peut foumettre à l'autorité, au jugement d'une famille étrangere, ou du chef de cette famille, ceux qui fe réfugient fous fa protection. Ils deviennent partie de cette famille, dans laquelle ils font, pour ainfi dire, adoptés.

Tout ce qui dépend de la convention peut varier à l'infini. Il femble qu'il n'y ait point d'efclaves par convention, parce qu'il paroît

qu'on ne peut s'aliéner sans ré-
serve (1).

---

(1) Wolf pense « qu'il est permis à toute
» personne qui n'a pas d'autre moyen pour
» subsister de se vendre elle-même, d'aliéner
» sa liberté de quelque maniere que ce soit,
» & à perpétuité. Ch. 6 , n. 8. Qu'il est même
» permis à des parens qui sont dans une im-
» puissance absolue d'élever leurs enfans, de
» les vendre en servitude ; . . . . qu'un créan-
» cier peut réduire en servitude un débiteur
» insolvable, jusqu'à ce que, par ses services,
» il ait été exactement payé. N. 9 & 10. Mais
» il soutient que le maître n'a de droit sur
» son esclave que par rapport aux services
» que celui-ci est obligé de lui rendre, & aux
» actions qui s'y rapportent. N. 11. Il prétend
» qu'un maître n'a pas naturellement le droit
» de vie & de mort sur son esclave ; il n'a
» pas même celui de le traiter avec dureté,
» en le frappant impitoyablement lorsqu'il
» ne le mérite point. Quand un esclave est
» traité de la sorte, ou qu'on ne lui donne
» pas le nécessaire, il lui est permis de pren-
» dre la fuite. N. 25.

J'aime mieux M. de Montesquieu, qui dit,

SECTION II.

Réflexions sur la nature des loix & jurisdictions économiques.

ON voit qu'en partie les *loix* de famille dépendent de la conven-

l. 15, ch. 2, « qu'il n'est pas vrai qu'un homme
» libre puisse se vendre. La vente suppose un
» prix. L'esclave se vendant, tous ses biens
» entreroient dans la propriété du maître. Le
» maître ne donneroit donc rien, & l'esclave
» ne recevroit rien. Il auroit un pécule,
» diroit-on ; mais le pécule est accessoire à
» la personne..... Si un homme n'a pu se
» vendre, encore moins a-t-il pu vendre son
» fils..... Un meurtrier a joui de la loi qui
» le condamne ; elle lui a conservé la vie à
» tous les instans : il ne peut donc réclamer
» contre elle. Il n'en est pas de même de l'es-
» clave ; la loi de l'esclavage n'a jamais pu
» lui être utile..... On dira qu'elle a pu lui
» être utile, parce que le maître lui a donné
» la nourriture. Il faudroit donc réduire l'es-

tion, & en partie n'en dépendent
pas.

Le droit particulier de chaque
famille peut être confidéré comme
un droit civil relativement aux
autres familles. Ce droit de famille
eft compofé du droit naturel, &
commun à toutes les autres familles, combiné avec le droit ou
ufage adopté par la famille particuliere.

On peut dire auffi que la *jurifdiction* économique ou de famille

---

» clavage aux perfonnes incapables de gagner
» leur vie : mais on ne veut pas de ces ef-
» claves-là. Quant aux enfans, la nature, qui
» a donné du lait aux meres, a pourvu à leur
» nourriture, & le refte de leur enfance eft
» fi près de l'âge où eft en eux la plus grande
» capacité de fe rendre utile, qu'on ne pour-
» roit pas dire que celui qui les nourriroit
» donnât rien ».

dépend en partie de la convention, & en partie n'en dépend point.

Cette jurifdiction femble emporter la coaction, l'exécution, lorfque la famille ne fait point partie d'une nation particuliere.

Dans les gouvernemens civils, on laiffe plus ou moins de pouvoir à cette jurifdiction, qui, fans doute, fut la premiere.

J'aime à ne confidérer cette efpece de jurifdiction que comme une fimple *diction de droit*, infpirée par le fens moral, feul ou aidé de bons confeils, avec autorité pour l'exécution.

Indépendamment des différentes modifications que cette jurifdiction reçoit dans les différens gouvernemens, elle en éprouve auffi dans les différentes familles.

On fent bien que les loix &
jurifdictions de famille s'étendent
par-tout lorfqu'elles font fondées
fur le droit naturel & fur les conventions qui ne s'en écartent point :
par rapport à leurs ufages particuliers, ils font abfolument con-
centrés dans le fein de la famille.

CHAPITRE IV.

Des loix & jurisdictions civiles en général.

IL est très-possible, il est même probable que les premiers gouvernemens se soient formés par la confédération de plusieurs familles.

Mais je ne me propose point d'approfondir l'origine des gouvernemens.

Je ne discuterai point encore lequel des gouvernemens est préférable quant à son organisation particuliere. Il paroît utile que chaque homme considere comme préférable le gouvernement où il est né.

Je n'ai pas besoin de cette discuffion pour la matiere que je traite. Quand je parlerai du souverain, j'entendrai celui ou ceux qui font les loix civiles, & qui ont la force en main pour les faire exécuter, acception reçue.

Sans approfondir auffi quelle a été ou quelle doit être l'origine des loix civiles dans les différens gouvernemens & chez les différentes nations de la Terre, quand je parlerai des loix civiles, j'entendrai celles d'une monarchie, d'un état quelconque.

Je confidérerai fous le même point de vue les jurifdictions civiles.

SECTION PREMIERE.

Loix civiles.

CHAQUE gouvernement, chaque souverain a établi un droit civil écrit, un droit poſitif dans l'étendue de ſon empire ; ou il s'eſt introduit un uſage conforme à l'eſprit national, & cet uſage tient lieu de loi.

Rappellons des vérités ſimples ſur leſquelles on ne peut trop inſiſter dans la matiere que nous traitons.

Le droit civil écrit doit avoir pour baſe l'équité naturelle ; il peut être dirigé par des vues ſupérieures & des raiſons d'état que la ſituation des particuliers les empêche de connoître & d'approfondir ; mais ces vues ſupérieures & ces raiſons d'état doivent toujours avoir pour guides la juſtice & la raiſon.

L'uſage doit être également fondé ſur l'équité naturelle.

Le droit civil doit, autant qu'il eſt poſſible, autoriſer les conventions qui ne ſont pas contre les bonnes mœurs, & dont les formes garantiſſent la certitude.

Il doit également favoriſer les loix économiques renfermées dans leurs juſtes bornes.

Les loix & les coutumes civiles ſont limitées au territoire du ſouverain qui a dicté les loix ou autoriſé les uſages ; mais auſſi elles y commandent ſouverainement ; elles y commandent excluſivement à toutes autres loix civiles.

Entrons dans quelques détails.

ARTICLE PREMIER.

Le droit civil doit avoir pour base l'équité naturelle.

SANS doute le droit civil écrit doit être animé par l'équité naturelle ; elle doit en constituer l'essence. Ce droit primitif est une plante précieuse que, suivant les différens sols, on doit cultiver différemment (1).

---

(1) Le roi de Prusse écrivoit à l'impératrice de Russie, qui lui avoit communiqué un ouvrage sur les loix, « que les anciens » Grecs, qui savoient apprécier le mérite, » divinisoient les grands hommes, & lais- » soient la premiere place aux législateurs, » les regardant comme les véritables bien- » faiteurs du genre humain ».

Il ajoute qu'il a compris que chaque pays demande des considérations particulieres qui exigent que le législateur se prête au génie de la nation, de même que le jardinier s'accommode à la nature de son terrein.

Lorſque le droit civil manque de cette ame qui le vivifie, c'eſt une idole que les peuples ſont forcés de reſpecter, qu'ils confondent même quelquefois avec le véritable objet de leur adoration; mais ce n'eſt qu'une idole qui ſe briſe facilement au gré de ceux qui l'ont élevée, ou qui, ſouvent, tombe d'elle-même en pouſſiere.

Comme le dit M. le Blanc de Caſtillon, les loix naturelles contiennent le fondement de toute légiſlation civile; elles s'étendent aux détails qu'on n'a pu enchaîner ſous des regles fixes (1).

---

(1) « La prévoyance, qui a dicté le droit
» poſitif, eſt limitée; la nature eſt infinie;
» ſes loix préſident à tout ce qui intéreſſe les
» hommes; elles contiennent les fondemens

Il est facile de sentir combien M. le Blanc de Castillon a raison d'engager les magistrats à ne pas négliger l'étude du droit naturel, l'ame universelle des loix.

Il est facile de sentir combien il a raison de faire l'éloge de ceux qui s'élevent jusqu'à la source de la législation; ce seront toujours

---

» de la législation civile, elles s'étendent aux » détails qu'on n'a pu enchaîner sous des » regles fixes. Si la loi naturelle semble avoir » perdu quelque chose de son empire dans » l'état civil, si elle n'a plus, comme autre- » fois, un for extérieur, connu sous le nom » de tribunal des mœurs, il sera éternelle- » ment vrai que les loix civiles empruntent » d'elle le pouvoir d'obliger l'homme par le » lien intime de la conscience, & que toutes » les loix reconnoissent pour souveraine » cette loi premiere ». Arrêt du parlement de Provence, du 11 janvier 1766, qui ren- ferme le requisitoire de M. le Blanc de Cas- tillon.

les

les interpretes les plus fideles du droit civil (1).

J'aime bien qu'il ne faſſe qu'une même ſcience de la morale, de la politique & du droit civil.

Au ſurplus, il conſidere la loi naturelle comme ayant toujours préſidé à l'ordre ſocial (2). Peut-être confond-il ce qui a dû être avec ce qui a été.

C'eſt ſur-tout quand nous ap-précions une loi étrangere que nous jugeons bien de ſa valeur intrinſeque. C'eſt cette valeur in-trinſeque, c'eſt l'équité naturelle ſeule que nous eſtimons.

____

(1) Voyez p. 137, note.

(2) « La loi naturelle a préſidé à la for-
» mation de l'état ſocial, tracé d'abord, mais
» d'une maniere imparfaite, dans l'adminiſ-
» tration de chaque famille, & dans l'aſſo-
» ciation de pluſieurs ». *Ibid.*

K

ARTICLE II.

L'ufage doit être conforme à l'équité naturelle.

Nos auteurs rappellent fans cefle les maximes des jurifconfultes romains. L'ufage, difent-ils, a force de loi ; il eft le meilleur interprete des loix (1).

Un droit approuvé par l'ufage ne peut être injufte, fi l'on en croit Tite-Live ; des épreuves réitérées en ont démontré l'équité (2).

---

(1) On cite ordinairement le paffage des inftitutes : *Lex non fcripta, diuturni mores confenfu utentium comprobati.* On cite la loi 36, ff. de legibus: *Optima legum interpres coufuetudo.* Telles étoient dans l'origine nos coutumes, ainfi que celles des autres provinces, dit M. Pothier.

(2) *Ufus eft, inquit alicubi Livius, gravif-fimus juris cenfor & explorator, ut non poffit non*

L'opinion de Barbeyrac me paroît plus vraie. Il penſe que l'uſage eſt un principe ſouvent incertain, qui peut autoriſer le mal comme le bien, qui l'a ſouvent autoriſé chez les nations les plus polies (1).

Le juriſconſulte Celſus me paroît

æquum eſſe & utile quod is probavit, ſæpiùs faſto periculo. Vinnius, l. 1, tit. 1, inſtit.

(1) « L'un ne reconnoiſſoit que la loi du
» plus fort ou l'intérêt, l'autre alléguoit la
» coutume ; principe premiérement fort éloi-
» gné de l'univerſalité que doit avoir une
» regle commune à tous les hommes, de
» plus, ſouvent incertain, variable, ſujet à
» mille faux-fuyans, à mille embarras, enfin
» qui peut autoriſer le mal comme le bien,
» qui l'a ſouvent autoriſé chez les nations les
» plus polies, & qui, après tout, lors même
» qu'il a force de loi, ne l'a point par lui-
» même, mais en vertu de quelqu'autre choſe
» dont l'effet pouvoit aiſément être éludé ».
Barbeyrac ſur Grot., p. 11.

encore préfenter une vérité quand il dit qu'il ne faut point appliquer à des cas femblables une coutume qui n'a point fa fource dans la rai-fon, mais dans l'erreur (1).

Confultons donc toujours la rai-fon, l'équité primitive. Telle eft la regle invariable.

Entre deux partis également juftes, également raifonnables, il faut fans doute fuivre l'ufage.

Dans les actes indifférens on peut encore le fuivre ; on peut craindre que la variation ne s'é-tende à des chofes effentielles. C'eft fans doute ce qui fait dire à M. Roufleau de Geneve que s'il étoit d'ufage d'entrer au confeil du

___

(1) *Quod non ratione introductum, fed errore primùm, deinde confuetudine obtentum eft, in aliis fimilibus non obtinet,* L. 30, ff. de leg.

pied gauche, il ne faudroit pas permettre d'y entrer du pied droit.

Cependant doit - on tenir à rigueur ſur des formalités auſſi in-différentes? L'attention trop ſcru-puleuſe ſur des minuties fait quel-quefois négliger l'eſſentiel. C'eſt ce que ſouvent on a reproché aux compagnies nombreuſes. Au ſur-plus, que dans des matieres indif-férentes on ſuive l'uſage ; mais entre un parti juſte, raiſonnable, & un parti injuſte, ſans raiſon, peut-on balancer ?

Les citoyens de Marſeille, de-puis la fondation de leur ville, conſervoient, pour couper la gorge aux criminels, un vieux ſabre rouillé qui ſuffiſoit à peine à ce triſte miniſtere : il étoit, dit Valere Maxime, un indice que dans les plus petites chofes on doit conferver les monumens des anciens ufages (1). Je ne vois point, je l'avoue, que cet ufage fût un grand indice qu'on dût conferver les anciennes coutumes, puifqu'en lui-même il ne fervoit qu'à faire fouffrir plus long-temps des malheureux dévoués à la mort.

On a remarqué que ceux qui font les plus inftruits de la mode locale d'un pays, de fes ufages particuliers, qui les pratiquent avec plus de facilité, font ceux qui, précifément par cette raifon,

---

(1) *A conditâ urbe Maffilienfi , gladius eft ibi quo noxii jugulantur , rubigine quidem exefus & vix fufficiens minifterio , fed index in minimis quoque rebus , omnia antiquæ confuetudinis monumenta fervanda.* Val. max., l. 2 , ch. 1 , cité par Bouchel , au mot Coutume,

semblent être plus étrangers dans
d'autres pays, & s'écarter davantage de la maniere d'être la plus
raisonnable.

Une coutume bizarre, extraor-
dinaire, franchit rarement le sol
qui l'a vu naître.

ARTICLE III.

*Le droit civil doit, autant qu'il est
poffible, autorifer les conventions
qui ne font pas contre les bonnes
mœurs, & dont les formes garan-
tiffent la certitude.*

VINNIUS dit que les Romains
ne donnoient aucune force coactive aux conventions qui n'étoient
pas revêtues des formes civiles,
afin qu'elles reftaffent uniquement
fondées sur la bonne foi des con-

traćtans (1). Ils croyoient qu'il étoit utile, pour exciter à la vertu, d'abandonner certains objets à la probité, à la bonne foi des hommes.

Le motif eſt très louable ; mais, tant qu'on le peut, il ne faut pas ſouffrir que la bonne foi, la probité ſoient dupes de la mauvaiſe foi : il faut toujours les protéger ; c'eſt le plus bel emploi du ſouverain.

Les juges doivent donc tempérer, autant qu'il eſt poſſible, les

____

(1) *Nimirùm conditores juris Romani hujuſmodi conventionibus vim coactricem ſubtraxerunt, ut ſolá paciſcentium fide ſtaretur, honeſtius atque ad excitandum virtutis ſtudium conducibilius eſſe exiſtimantes, quædam relinquere hominum inter ſe ſpontaneæ fidei & probitati, quàm omnia vinculis legum & neceſſitate adſtringere.* Vinnius, inſt., l. 3, t. 14, n. 6.

loix & les usages qui s'opposent à l'exécution des conventions.

Aussi, en général, les conventions qui ne sont pas contre les bonnes mœurs s'exécutent-elles quand elles ne rencontrent point de loix prohibitives. Si même ces loix prohibitives ne sont qu'en faveur des contractans, qui ne veulent pas faire usage de la nullité prononcée, les conventions reçoivent encore leur exécution (1).

____

(1) « Quand les loix sont négatives prohi-
» bitives, la convention du contraire est nulle.
» Mais la nullité en est ou absolue, ou pu-
» rement relative. Elle est absolue, comme
» l'a fort judicieusement observé M. le pré-
» sident Bouhier, ch. 19, n. 12, quand elle
» est prononcée pour un intérêt public, pour
» une cause d'honnêteté publique, ou quel-
» qu'autre considération politique, & elle est
» relative quand la nullité n'est prononcée
» que par rapport à certaines personnes. Dans

K 5

Mais quel parti prendre quand une des parties nie qu'il y ait convention, ou qu'il y en ait une telle que l'autre le prétend ? Qui peut conftater l'exiftence des conventions & leurs différens caracteres aux yeux de celui qui tient la balance de la juftice ?

Ce font les diverfes formalités dont les conventions font fufceptibles. Ces formalités méritent quelques réflexions.

Forme des conventions.

Il faut diftinguer les formalités

______

» le premier cas, l'acte eft radicalement nul
» & comme non fait ; dans le fecond, il peut
» fubfifter fi les perfonnes en faveur de qui
» la nullité eft prononcée, & qui ont la liberté
» de fe pourvoir, ne jugent pas à propos de
» la demander, & veulent bien confentir à
» l'exécution de l'acte ». M. Boullenois, t. 2,
p. 207.

intrinfeques & vifcérales des formalités extrinfeques. Il faut diftinguer celles-ci en effentielles ou
du droit des gens, & en purement
civiles (1).

---

(1) M. Boullenois diftingue les formalités
quæ requiruntur ante factum, les formalités *quæ
requiruntur in facto*, & d'autres *quæ requiruntur
ex poft-facto*, t. 1, p. 491 & fuiv.

Les premieres & dernieres font, par exemple,
le choix du jour & du lieu. Il diftingue les
fecondes formalités en formalités probantes,
comme le nombre des témoins, la mention
de l'âge, de la qualité, de la demeure, la date
& la paroiffe où l'acte eft paffé, & celles qu'il
appelle fubftantielles & vifcérales de l'acte,
ou intrinfeques.

Entre les formalités intrinfeques, il en remarque qui font de droit ordinaire & commun, & d'autres qui ne font exigées que dans
certains endroits. Il appelle les premieres des
formalités intrinfeques de droit commun,
puifqu'elles font requifes de droit général &
univerfel. « Les formalités qui font intrin-
» feques & de droit commun regardent les
» actes qui font d'ufage général & néceffaire

Les formalités intrinſeques ſont
les formes qui conſtituent l'eſſence

» dans toutes les nations , comme les échanges,
» les ventes , les prêts , raiſon pour laquelle
» ces formalités ſont aſſez les mêmes par-tout,
» parce qu'elles ſont priſes de la ſubſtance
» naturellement conſtitutive des actes ; & c'eſt
» le droit romain qui nous a développé &
» fait connoître la véritable nature de ces
» actes , & les véritables principes qui les
» dirigent & qui les reglent ; que ſi quelque
» nation admet en outre pour ces actes
» d'autres formalités intrinſeques , ce ſont
» préciſément ces formalités que j'appelle
» intrinſeques locales ».

Il diſtingue les ſolemnités attachées à l'acte,
& qu'on doit obſerver telles qu'elles ſont
requiſes dans le lieu où l'acte eſt paſſé , & les
ſolemnités qu'il dit attachées aux choſes,
tanquam qualitas quædam rebus impreſſa , comme
dans les demandes en retrait lignager , les formalités de criées , où l'on eſt obligé de ſuivre
les formalités des lieux où les héritages ſont
ſitués.

Les formalités *ex poſt-facto* ſont les formalités de l'inſinuation , du contrôle.

Je crois plus ſimple de diſtinguer ſimple-

de l'acte : ainsi, dans une vente, il faut la chose, le prix & le consentement ; ainsi chaque contrat a sa forme intrinseque particuliere. Ces formes intrinseques sont de tous les pays, & s'observent partout où il y a des hommes & des conventions ; il ne peut y avoir de questions mixtes à cet égard.

Mais ces formes intrinseques auront été observées ; il peut n'en rester aucune trace. La convention existera entre deux hommes : s'il n'y a aucuns témoins, aucun écrit, l'autorité de celui de ces deux hommes qui niera la convention égalera l'autorité de celui qui l'affirmera.

---

ment les formalités en intrinseques & en extrinseques, les extrinseques en essentiell s & en purement civiles ; toutes paroissent pouvoir se ranger sous ces trois classes.

Les témoins, les écrits sont donc les formalités extrinseques qui sont essentielles à une convention.

Malheureusement ces formalités extrinseques existeront ; cependant les formalités intrinseques peuvent n'avoir pas été remplies : il y a eu des faux témoins comme des faux titres.

De-là les différentes précautions prises par les différentes loix civiles pour le nombre, pour la qualité des témoins, pour la nécessité des actes dans certaines circonstances, pour leurs solemnités.

Les premieres formes extrinseques ont pu être de certains signes. Ainsi, dans les foires, les maquignons frappent dans la main pour preuve de la consommation du marché ; ainsi, pour les locations médiocres & sans bail, on donne encore ce qu'on appelle des *deniers-à-Dieu*. Ce sont des signes extérieurs que des témoins peuvent facilement attester.

Viennent ensuite les témoins de la convention verbale elle-même, les actes écrits, marqués du sceau ou de la signature des parties, enfin les contrats revêtus de toutes les formes civiles.

Sans doute, en général, on doit suivre les formalités du lieu où l'on contracte; on doit même remplir les formalités extrinsèques, qui ne sont que du droit civil, qui, quelquefois même, ne sont que bursales : mais j'avoue que, hors de l'étendue du pays où ces formalités civiles sont impérieusement exigées, j'aimerois qu'on ne les crût pas néceffaires, quoi qu'en dife la maxime *le lieu régit l'acte*.

Ainfi, les formalités effentielles auront été obfervées dans une convention ; il y aura eu des témoins, des écrits non fufpects. Quelques formalités civiles manqueront, l'acte ne devroit pas moins valoir dans les lieux où ces formalités civiles ne font pas impérieufement exigées.

Il faudroit excepter les cas où, par le défaut de ces formalités, on feroit en droit de foupçonner que les formalités intrinfeques & effentielles n'ont pas été remplies, ce qui dépend des circonftances.

ARTICLE IV.

Le droit civil doit favoriser les loix économiques resserrées dans leurs justes bornes.

SANS doute les loix civiles doivent maintenir, au moins jusqu'à la puberté, l'obéissance presque passive des enfans aux réglemens de la famille, pourvu qu'ils ne soient pas absolument contre la raison ou les loix civiles. Elles doivent exiger le respect & la reconnoissance des enfans, quelque âge qu'ils aient atteint, à quelque dignité qu'ils soient parvenus.

Elles doivent procurer l'exécution des conventions matrimoniales & domestiques qui ne sont pas contre les bonnes mœurs.

Elles doivent enfin, lorsque les

étrangers se réfugient sous leur protection, faire observer autant, qu'il est possible, les loix économiques ainsi modifiées, & les conventions de famille.

Il est inutile d'insister sur des vérités aussi manifestes.

ARTICLE V.

Les droits civils doivent être restreints dans leurs enclaves. Conséquences.

ON sent bien que toutes les loix civiles ou usages civils sont renfermés dans l'étendue de chaque nation, comme, dans le droit primitif, les loix économiques des peres aux enfans ou des enfans entre eux étoient renfermées dans le sein de chaque famille.

Je m'explique. Comme la plupart des loix civiles ou usages civils

présentent le droit naturel diver-
sement modifié, suivant les intérêts de la nation, ou suivant le
hasard seul, ce sont ces modifications qui peuvent être exactement renfermées dans les limites
de cette nation.

Bien moins doivent s'étendre les
loix qui sont contre le droit naturel.

De ce que les loix naturelles
doivent être restreintes dans leur
empire, il suit que chaque loi
civile doit y commander exclusivement. Plus un ressort est pressé,
plus il se releve avec force. Les
loix, en pesant les unes sur les
autres, & réagissant avec vigueur,
doivent conserver la souveraineté
la plus absolue dans le cercle tracé.

Il en résulte deux conséquences

bien importantes , parce qu'elles renferment la résolution d'une infinité de Questions mixtes.

1°. L'étranger quittant son pays doit être soumis aux loix de la nation chez laquelle il vient habiter par choix, & qui veut bien le recevoir. Dans le sein d'une famille, les étrangers sont-ils plus favorables que les enfans ? ont-ils plus de droits ?

On ne doit cependant pas blâmer un souverain d'avoir des égards pour les distinctions dont les personnes jouissoient dans les états d'un autre souverain ; on ne doit pas blâmer une certaine complaisance réciproque pour les prérogatives qui sont attachées à ces distinctions. Les étrangers doivent y être d'autant plus sensibles, qu'ils ne ſont que des hommes dépouillés de toutes les diſtinctions civiles qui les décorent dans leur nation, lorſqu'ils entrent dans un autre état; leur reconnoiſſance doit ſaiſir toutes les occaſions de témoigner un juſte retour. Aimables repréſailles de bienfaits! puiſſent-elles ſeules à l'avenir être exercées par les nations!

2°. Lorſqu'on permet aux étrangers de poſſéder des biens dans une ſouveraineté différente de celle où ils habitent, de celle où ils ſont domiciliés, ils ſont ſoumis, à cet égard, aux loix de cette ſouveraineté, ils en ſont les ſujets.

Ne pourroit-on pas les obliger à réſidence pour aider à défendre un tout dont ils poſſedent une partie? Dans ce cas, ils devroient ſans doute avoir tous les caractères,

toutes les qualités que la loi territoriale exige dans le possesseur
soumis à son empire.

Ne pourroit-on pas dire à ceux
qui sont appellés à une succession :
Venez habiter les pays où sont les
immeubles, où sont même les meubles
dont vous prétendez hériter, ou vous
n'hériterez pas. C'est ce qu'on a fait
relativement aux enfans des reli-
gionnaires dont les peres avoient
passé dans les pays étrangers.

Je ne dis certainement pas qu'on
doive exercer cette rigueur ; mais
enfin, lorsqu'on n'oblige pas à ce
changement de domicile, pourquoi ne demanderoit - on pas du
moins les mêmes qualités que dans
les sujets qui sont domiciliés sous
la loi du territoire ? L'étranger n'a-
t-il pas la liberté de venir habiter

les lieux où il possede des biens ?
Attendra-t-on qu'il change effectivement de résidence pour exiger
les qualités que le légiflateur ordonne ? S'il n'a pas ces qualités
locales, on le dépouillera donc de
ses biens lorsqu'il viendra dans la
cité, & conséquemment lorsqu'il
méritera mieux leur posseffion ; ou
l'on contreviendra à la loi civile.

Tout se réunit donc à prouver
que les droits civils doivent être
restreints dans leurs enclaves.

Cependant quand les loix & les
coutumes d'un état ne font que
l'expreffion de cette équité naturelle, qui est le droit commun des
hommes, elles peuvent se flatter
de n'être pas abfolument confidérées comme étrangeres dans un
autre état. Elles font feulement obli-

gées de ne s'y préfenter que dé-
pouillées de toute autorité civile.

SECTION II.

Jurifdictions civiles.

SI tous les hommes étoient juftes,
intelligens ou éclairés par de bons
confeils, ils n'auroient pas plus
befoin de juges civils que de loix
écrites. Une ame honnête, jointe
à un efprit jufte, va bien au-delà
des loix civiles, & de ce que
pourroient lui prefcrire les juges
les plus rigides.

Malheureufement les préjugés
aveuglent les hommes, l'amour-
propre ou l'intérêt les féduifent.

Sans doute les particuliers doivent
foumettre leur raifon & celle de
leurs

leurs conseils à la raison publique des magistrats autorisés par le souverain ; mais les magistrats, eux-mêmes, sont obligés d'avoir recours aux premieres jurisdictions pour diriger leurs jugemens. Ils doivent moins se laisser subjuguer par les exemples & les autorités, que se laisser conseiller par la raison.

Le roi de Prusse a considéré l'ouvrage des médiateurs & des arbitres, les transactions & les arbitrages, comme un moyen d'éterniser les contestations.

C'est parce qu'il n'a pas donné aux transactions & aux arbitrages toute la force qu'il auroit dû leur communiquer.

L'office de médiateur, dans l'ordre civil, est moins brillant que

L

dans le droit des gens : il eſt tout
auſſi flatteur. On peut empêcher
la ruine d'honnêtes familles que
des procès auroient renverſées. Ce
n'eſt pas ſans doute un petit embarras que celui de concilier des
eſprits ſouvent aigris par des haines
invétérées.

Les hommes ſont ſi violemment
affectés de leur intérêt ; ils le
ſont ſi froidement de celui d'autrui !
Tandis qu'ils tiennent à rigueur
pour l'exécution des loix qui les
favoriſent , ils voudroient qu'on
tempérât , par des vues d'équité ,
les loix qui leur ſont contraires.
Ils accuſent leurs adverſaires d'in-
juſtice ; ils iront juſqu'à ſoupçonner
d'intelligence le médiateur le plus
diſtingué par une probité intacte.
Ils ne voyent pas combien de

peines & d'embarras leur coûteront les malheureuſes ſuites de leurs conteſtations, ſi elles ne ſont pas terminées ; ils n'enviſagent que le ſuccès dont l'imagination leur groſſit les avantages ; ils ne voyent point, ils ne peuvent voir tous les obſtacles qu'ils auront à ſurmonter pour y arriver ; ils ſe briſeront peut-être au milieu de la lice.

O vous qui, aveuglés par les paſſions, vous êtes laiſſés entraîner dans des conteſtations ruineuſes, ne perdez pas de temps ! allez vous jetter dans les bras d'un homme connu par ſes lumieres, & plus encore par ſon équité. S'il ne peut pas réſoudre les difficultés, qu'il tranche, qu'il coupe le nœud comme Alexandre.

Quant aux arbitres, il ſemble

que leurs jugemens devroient être
fans appel. Rien n'eſt en effet plus
équitable que de s'arrêter aux déciſions de juges choiſis par les parties
elles-mêmes.

Il ſemble auſſi, par la même
raiſon, que ces jugemens devroient
avoir leur exécution dans tous les
lieux, c'eſt-à-dire, que chaque
ſouverain, dans chaque pays, devroit les faire exécuter.

La juriſdiction économique étant
en partie du droit primitif, en
partie du droit ſecondaire ou de
convention, ſemble auſſi devoir
s'étendre par-tout lorſqu'elle ſe
renferme dans les bornes du droit
naturel.

Les juges élus ou convenus ſont
une eſpece d'arbitres. En effet,
que deux hommes choiſiſſent un

autre homme pour décider une contestation , ou qu'avant cette contestation ils l'aient choisi avec toute la société dont ils font partie pour décider des contestations à naître, on sent que dans l'un & l'autre cas ils seront jugés par un arbitre, par un juge qu'ils auront choisi.

Cette seconde espece d'arbitres supplée à la premiere , & est absolument nécessaire en certains cas. Il y a eu dans tous les temps des hommes stupides ou de mauvaise foi qui étoient entiers dans leurs prétentions, & refusoient de convenir d'arbitres ; d'ailleurs, il faut juger entre la société & ceux qui se sont rendus criminels envers elle. Dans un temps où tous les membres de la société craignent feulement d'être les objets du crime, les fuffrages fe réuniffent fur l'homme jufte ; mais fon équité ftricte eft précifément ce que redoute le plus celui qui s'eft rendu coupable.

Il eft facile de concevoir qu'une fociété civile pourroit n'avoir pas d'autres juges. La force publique donneroit l'exécution à leurs jugemens.

Rien de plus fimple alors que d'adopter dans d'autres états la décifion dès juges qui ont été convenus en quelque lieu de la terre que ce foit. La convention légitime doit s'étendre dans tout ordre focial.

Mais en doit-il être ainfi des jurifdictions civiles ? En vain diroit-on que chaque fouverain eft propriétaire de la juftice fur fes fujets, qu'il a droit ainfi de décider fur ce qui leur appartient, même dans une fouveraineté étrangere. Les autres fouverains pourroient répondre que les plus puiffans monarques du monde ne paroiffent pas plus propriétaires de la juftice que de la vérité ; ils pourroient dire qu'elles femblent également fe refufer à l'application de la pro- priété & de fes effets ; qu'enfin cette propriété ne devroit pas fran- chir les limites de l'empire du fou- verain qui la réclame.

Au furplus, il eft utile que, par une réciprocité de complaifance, les différentes nations étendent l'autorité de leurs jugemens.

Mais les jurifdictions civiles commandent fouverainement dans leurs enclaves; elles ont le droit de rejetter ce qui émane de toute autre autorité civile.

C'eſt alors que s'applique abſolument l'axiôme qu'on peut impunément déſobéir aux déciſions d'un juge incompétent (1). Ces déciſions ou jugemens ſont nuls relativement.

Il faut avouer que cette communication de la puiſſance exécutrice, cette délégation du pouvoir pour faire exécuter par la force, ſuivant les tempéramens de la loi, eſt une magnifique opération du gouvernement civil. Je fais abſtraction des petites injuſtices particulieres qui, quoi qu'on en diſe, ſont toujours le plus petit

----

(1) *Extra territorium jus dicenti impune non paretur.* L. 20, ff. de juriſdictione.

nombre. Elle empêche les voies de fait, les guerres particulieres, la fraude qui cherche à y ſuccéder. Tels ſont les heureux effets des juriſdictions civiles.

CHAPITRE V.

Loix & jurisdictions françoises.

SECTION PREMIERE.

Loix françoises.

Nos loix font comme les loix civiles des autres nations ; elles font compofées du droit naturel ou des gens , & du droit pofitif qui le modifie.

Nous fuivons beaucoup le droit romain relativement aux faines maximes de l'équité naturelle & aux conventions. Il renferme d'excellens principes, qui font généraux comme raifon écrite (1).

____

(1) Comme l'obferve M. l'abbé Fleury,

Nous favorisons beaucoup toutes les conventions, principalement dans les contrats de mariage, lorsqu'elles ne font point contraires aux bonnes mœurs, c'est à-dire, à la droite raison: nous allons même, à cet égard, plus loin que le droit romain pour les conventions de bonne foi (1).

----

dans fon hiftoire du droit françois, « il n'y a « gueres de maximes du droit naturel & du » droit des gens qui ne fe rencontre dans le » digefte; on y trouve d'ailleurs un nombre » infini de décifions particulieres très-judi- » cieufes ». Pag. 80.

(1) M. Pothier obferve, dans fon traité des obligations, t. 1, p. 6, que les principes du droit romain fur les différentes efpeces de paſtes, & fur la diftinction des contrats & des fimples paſtes, n'étant pas fondés fur le droit naturel, & étant très-éloignés de fa fimplicité, ne font pas admis dans notre droit.

Nos loix consacrent, pour ainsi
dire, les transactions (1).

---

(1) « Comme il soit utile, besoin & néces-
» saire retrancher & diminuer le grand nom-
» bre de procès . . . . . & que le plus prompt
» & moins dommageable expédient d'iceux
» procès amortir , soit la voye d'accord &
» transaction, laquelle met fin, tant aux procès
» commencés , qu'à commencer , toutefois il
» avient chacun jour que les parties qui ont
» transigé, après la transaction, d'elles-mêmes
» ou par conseil d'autrui, obtiennent lettres
» pour casser & rescinder icelles transactions,
» disant avoir été déçues outre moitié de
» juste prix & valeur, ou autre plus grande
» lésion, font revivre les différends & procès
» jà amortis, & remettent les choses en l'état
» qu'elles étoient auparavant lesdites tran-
» sactions.

« Pour à quoi obvier & remédier . . . . .
» confirmons & autorisons toutes transac-
» tions qui, sans dol & force, sont faites &
» passées entre nos sujets majeurs d'ans , des
» choses qui sont en leur commerce & dif-
» position. Voulons & nous plait que contre
» icelles nul ne soit après reçu sous prétexte

Il est facile de sentir que,
puisque les conventions légitimes

» de léfion d'outre moitié du prix, ou autre
» plus grand quelconque, ou ce qu'on dit en
» latin, *dolus re ipfá*, mais que les juges, à
» l'entrée du jugement, s'il n'y a autre chofe
» alléguée contre icelle tranfaction, dé-
» boutent les impétrans des lettres & de
» l'effet & entérinement d'icelles, & les dé-
» clarent non-recevables. Faifons défenfes
» & inhibitions expreffes à toutes perfonnes,
» fur grandes peines à nous à appliquer, de
» ne pourfuivre ni impétrer lettres con-
» traires à ce préfent édit, & aux fecrétaires
» de notre chancellerie de les figner, à notre
» très-cher & féal chancelier, aux maitres
» des requêtes ordinaires de notre hôtel &
» garde des fceaux de les fceller, & à tous nos
» juges, tant ordinaires que de nos cours
» fouveraines, de non les entériner, comme
» contrevenans directement à notre inten-
» tion ».

Edit de Charles IX, donné la premiere
année de fon regne, avril 1560, regiftré en
parlement le 18 mai 1563.

« Après l'âge de 35 ans parfaits & accoms'étendent de royaume à royaume, toutes les conventions légitimes contractées dans le sein de la France, en quelque province que ce soit, doivent, à plus forte raison, s'étendre dans toutes ses provinces. Il faut excepter le cas où les conventions rencontrent des loix prohibitives.

La France a des loix générales. Ce sont les ordonnances, les édits, déclarations & lettres-patentes, qui concernent tout le royaume, & sont enregistrées dans tous les parlemens (1). Elles embrassent

---

» plis ne se pourra, pour le regard du privi-
» lege ou faveur de minorité, plus déduire
» ni poursuivre la cassation desdits contrats ».
Art. 134 de l'ordonnance de 1539.

(1) « Encore que les ordonnances, dit
» M. Bouhier, ch. 27, n. 91 & suiv., soient
» communément faites pour tout le royaume,

tout l'Etat, & doivent être exécutées dans toutes les provinces.

Nous avons des loix particulieres, les édits, déclarations & lettres patentes pour certains pays
particuliers. Il faut borner l'exécution de ces loix au cercle qui
leur est tracé.

Le droit écrit, c'est-à-dire, le
droit romain, dans les pays où il
fait loi civile, & les différentes
coutumes, sont aussi resserrés
dans leurs enclaves.

De ce que les coutumes sont

» elles ne sont pas également enregistrées
» dans les parlemens, ni observées dans
» toutes les provinces.... Nous avons l'ordon-
» nance de 1629 qui n'a pas été enregistrée
» en plusieurs cours, & entre autres au par-
» lement de Paris, quoiqu'elle l'ait été dans
» le parlement de Bourgogne & dans quelques
» autres ».

refferrées dans leurs enclaves, il fuit qu'elles y doivent commander fouverainement, & exclufivement à toutes autres coutumes.

Quand, dans l'étendue de la France, les coutumes fe font introduites, c'eft uniquement relativement aux perfonnes de l'enclave. Chaque coutume a eu fes fujets en vue : elle préfumoit que tous ceux qui poffédoient des terres fous fon empire, y feroient domiciliés. Le plus grand nombre y demeuroit effectivement, avant que les villes fuffent agrandies, avant que la capitale fût devenue la tête énorme d'un corps dont elle intercepte la principale fubftance ; or, c'eft pour le plus grand nombre, qu'on fait les loix.

Que les poffeffeurs n'habitent

pas sous les loix du territoire, on sent qu'ils ne doivent pas moins y être soumis, parce que, suivant le vœu de la loi, ils devroient être domiciliés dans son enceinte.

Si on les obligeoit de résider, sans doute ils deviendroient sujets, sans doute ils seroient obligés de se conformer aux loix du pays; ils entreroient, pour ainsi dire, dans le système politique qui a dicté ces loix. Qu'on ne les force pas à changer de domicile : leur soumission à la loi du territoire, relativement aux choses qu'elle leur permet de posséder, ne doit pas moins être considérée comme une condition de leur possession.

SECTION II.

Jurisdictions françoises.

JETTERONS-NOUS un coup d'œil fur les jurifdictions du droit naturel, ou des gens, dans l'ordre que nous les avons préfentées.

Par rapport au fens moral, je laiffe à décider fi Saint Evremont faifoit l'éloge de fes compatriotes, quand il difoit que la raifon étoit rare en France, mais que, lorfqu'elle s'y trouvoit, elle étoit la plus pure de l'univers (1). Certainement Erafme ne cherchoit pas, dans fon temps, à élever la France au-deffus des autres nations, en difant que c'étoit une merveille,

______

(1) Vie de Saint-Evremont, p. 258.

comme la probité y étoit mépri-
fée (1).

Les cafuiftes pour la religion,
les jurifconfultes pour le droit (2),
les médecins pour la fanté, font
cenfés avoir fubi les épreuves néceffaires, pour donner de bons
confeils fur les objets de leurs
études.

Ceux qui font verfés dans les

____

(1) *Proborum virorum miriffima vilitas* (in
Galliâ). Eraf. coll.

(2) « Je crois, madame, qu'après le bien
» que vous venez de faire dans la légiflation,
» il vous en refte encore un, qui eft une aca-
» démie de droit pour y former les perfonnes
» deftinées au barreau, tant juges qu'avocats.
» Quelques fimples que foient les loix, il
» furvient des cas litigieux & des affaires
» compliquées & obfcures, où il faut tirer
» la vérité du fond du puits, & qui de-
» mandent des avocats & des juges exercés
» pour les débrouiller ». Lettre du roi de
Pruffe à l'impératrice de Ruffie.

sciences, dans les arts, dans les professions, dans les métiers, peuvent seuls juger ou guider les jugemens, relativement aux objets qu'ils connoissent.

On conserve en France une espece de jurisdiction économique aux maris, aux peres, aux assemblées de famille & aux maîtres.

La faveur accordée dans ce royaume aux transactions, rejaillit sur les *médiateurs* dont elles sont l'ouvrage.

Nos loix conseillent de choisir des *arbitres* pour les contestations qui sont nées (1) ; mais elles per-

---

(1) « Comme le vrai moyen d'abréger les
» procès soit de venir au-devant, & garder
» qu'ils ne soient amenés pardevant les juges,
» ains (mais) décidés hors jugement, par
» accord & transaction d'entre les parties

mettent l'appel de leurs jugemens.
Nos loix autorisent des arbi-

» même , ou par arbitrateurs & amiables
» compositeurs qui sont élus du commun
» consentement desdites parties , toutefois
» les esprits des hommes sont si pleins de
» contention, que ce qu'ils ont peu avant
» accordé & approuvé, tôt après ils le ré-
» prouvent & discordent. . . . . confirmons &
» autorisons tous jugemens donnés sur les
» compromis des parties, encore qu'en iceux
» compromis n'y eût aucune peine apposée ,
» voulant qu'ils ayent telle force & vertu
» que les sentences données par nos juges , &
» que contre iceux nul ne soit reçu appellant
» que préalablement ils ne soient entiérement
» exécutés, tant en principal & dépens, qu'en
» la peine, si peine y auroit été apposée, sans
» espérance d'icelle peine recouvrer , *ores-*
» *que* ladite sentence fût infirmée en tout ou
» partie. Et sera ledit appel desdits *arbitres*
» ou arbitreurs relevé en nos cours souve-
» raines, sinon qu'il fût question de choses
» dont les juges présidiaux peuvent juger en
» dernier ressort, auquel cas sera ledit appel
» relevé pardevant eux ». Ordonnance du

tres pour des contestations futures d'une certaine espece : on peut ainsi considérer les juges élus par leurs pairs, tels que les juges-consuls, les officiers municipaux dans plusieurs villes.

Quant aux jurisdictions vraiment positives de la France, nous ne pouvons en donner qu'une idée bien imparfaite.

---

mois d'août 1560, regiftrée le 7 septembre fans approbation de la jurisdiction des présidiaux.

« Nous avons résolu, est-il dit dans un » édit de 1673, de rendre plus solide & plus » certain l'avantage que nos sujets reçoivent » des arbitrages, par le moyen desquels les » procès les plus embarrassés sont terminés, » & la paix & l'union conservés dans les » familles ». On établit des greffiers des conventions qui ont été réunis aux notaires. Traité des droits des notaires, preuves, pag. 51 & 54.

M. l'abbé de Fleury (1) observe très-bien, que, dans ce royaume, nul Officier, quelque grand qu'il soit, n'a toute la puissance dans le moindre territoire. Il en résulte bien des Questions mixtes. Dira-t-on que la division affermit l'autorité? Il ne nous appartient pas de discuter, de concilier de si grands intérêts; les yeux fixés sur notre objet, ne saisissons que ce qui peut y avoir rapport.

Le Roi veille, avec ses conseils, sur la vaste étendue de l'administration, de la législation, de la jurisdiction (2).

---

(1) Droit public, t. 1, 2ᵉ partie, p. 3.

(2) Le conseil d'etat, le conseil des dépêches, le conseil des finances, le conseil du commerce, le conseil de la marine, le conseil

Ces conseils font les mêmes pour toute la France.

Les Questions mixtes de jurisdiction entre les cours supérieures, se décident au conseil privé. C'est ce qu'on appelle les réglemens de juges (1).

---

privé ou des parties ont leurs objets particuliers.

Les secrétaires d'état, le contrôleur général, des commissions de conseillers d'état, des maîtres des requêtes préparent les arrêts des différens conseils.

Pour l'exécution des arrêts du conseil par tout le royaume, ils sont revêtus d'une commission du grand sceau. Quand ils sont rendus sur quelques objets de la compétence des parlemens ou des autres cours supérieures, on y joint des lettres-patentes qu'on leur adresse pour les enregistrer.

(1) Outre les reglemens de juge, on y connoît des oppositions au sceau & au titre, des cassations d'arrêts qui renferment des

Le

Le territoire de tout le royaume est divisé en parlemens, qui sont les grands tribunaux de la nation, pour les matieres contentieuses. Ils jugent en dernier ressort de tout

---

contraventions aux loix du royaume, & des évocations pour cause de parenté.

Quant aux autres évocations, elles sont *devenues odieuses*, dit M. de Fleury, étant prétexte d'oppression. Droit public de France, t. 1, part. 2, pag. 100. Elles ont cependant le louable motif d'épargner les frais : quelquefois la nature des affaires y oblige. J'ai été consulté dans une affaire de la Rhingrave de Daun contre l'évêque de Metz. Il s'agissoit de l'interprétation du traité de Munster. L'affaire a été évoquée du parlement de Metz pour être jugée au conseil des dépêches.

On interdit au conseil la connoissance des questions relatives aux matieres contentieuses. Ordonnance de Blois, article 91. Louis XIV en veut l'exécution invariable, Déclaration du 22 octobre 1648, art. 14 ; lettres-patentes du 11 janvier 1657.

M

ce qui n'est pas attribué aux autres jurisdictions souveraines.

C'est en ce sens, je crois, qu'il faut entendre le parlement de Bordeaux dans ses remontrances. Après avoir dit que le Roi délibere sur *l'administration*, & agit dans le conseil seul, qu'il délibere sur *la législation* dans le conseil, & qu'il consomme dans le parlement, il ajoute que, relativement à la *jurisdiction*, le Roi délibere & agit dans son parlement seul (1).

Autrefois, point de charges;

______

(1) « Autorité d'*administration* qui projette, » délibere, agit & exécute dans le conseil.

» Autorité de *législation* qui projette dans » le conseil, délibere & consomme dans le » parlement.

» Autorité de *jurisdiction* qui délibere, qui » agit & exécute dans le parlement seul ». Remontrances du parlement de Bordeaux, du 10 mai 1758, p. 19.

les barons & les prélats formoient le parlement, le conſeil du monarque (1). Le parlement, qui ſuivoit la cour, fut rendu ſédentaire : il y eut des officiers ; l'amovibilité ceſſa.

Ce réglement, qui eſt dû à Louis XI, prince très-arbitraire, ſemble rendre les officiers moins dépendans de la volonté du prince ; il les a rendus moins puiſſans (2). De-là les commiſſions.

Sous la grande diviſion des parlemens, ſe préſentent les bailliages

---

(1) Voyez entre autres M. l'abbé de Fleury, droit public, 2ᵉ part., t. 1, p. 69.

(2) « En France, tous les offices ſont à » vie ; jadis étoient tous révocables. Louis XI, » en 1467, défend de deſtituer ſans forfaiture » jugée. De-là l'invention des commiſſions, » en 1493 ». M. de Fleury, droit public de France, t. 1, 2ᵉ part., p. 31.

M 2

royaux, qui sous eux ont les pré-
vôtés royales.

D'autre côté , s'offrent les jurisdictions seigneuriales.

Cette derniere jurisdiction paroît avoir été dans l'origine une
espece de jurisdiction économique , de jurisdiction hérile : elle
ne tire point son origine de l'usur-
pation (1).

Le Roi avoit ses justices seigneuriales dans l'étendue de ses
domaines (2).

On a dit que les juges du do-

____

(1) « Ces justices ne sont point des usur-
» pations , comme ils l'ont cru (Dumoulin &
» Loiseau); mais l'Etat a changé ; elles ne sont
» plus qu'à charge ». M. de Fleury , *ibid.*,
p. 58. M. d'Arragon a très-grande raison d'observer qu'on pourroit justifier cette opinion
par plusieurs passages de Loiseau lui-même ,
& par l'histoire.

(2) Voyez M. de Fleury , *ibid.*, p. 61 & 62.

maine du Roi avoient fait fortune avec leurs maîtres. M. d'Arragon , annotateur de M. de Fleury , en fépare les quatre grands baillis (1) de Vermandois , Sens , Mâcon , & Saint-Pierre-le-Moutier , qui ont été érigés pour être gardiens des droits du Roi & de la couronne; ils ont fervi d'exemple pour les autres baillis royaux créés ou régénérés fur leur modele.

Prévôts , baillis , ou plutôt leurs lieutenans-civils , criminels & de police , juges feigneuriaux, parlemens, voilà ce qu'on nomme juges ordinaires , parce qu'ils font juges dans leurs enclaves , fuivant leurs différens degrés , de toutes les matieres qui ne font pas attribuées à d'autres juges.

______

(1) *Ibid.*, p. 63.

Les officialités forment un genre particulier de jurisdiction.

Après avoir diminué les jurisdictions seigneuriales (1), elles sont devenues sujettes aux appels comme d'abus qui se portent devant les parlemens.

Le cercle d'une officialité s'étend souvent dans plusieurs cercles de bailliages royaux, ou jurisdictions seigneuriales. La division des diocèses n'est plus la même que celle des gouvernemens civils.

Les évêques sont tenus d'avoir des officiaux pour chaque parle-

---

(1) « Comme la jurisdiction ecclésiastique » énerva la jurisdiction des seigneurs, & contribua par-là à donner des forces à la jurisdiction royale, la jurisdiction royale restreignit peu à peu la jurisdiction ecclésiastique, & celle - ci recula devant la premiere ». Esprit des loix, liv. 28, c. 41.

ment (1). Quelquefois ils n'ont qu'un official, mais les appels comme d'abus se relevent aux différens parlemens (2).

Parmi les jurisdictions extraordinaires, il y en a qui sont uniques pour tout le royaume, relativement aux matieres qui leur sont attribuées : tel est le grand-conseil (3); telle est la cour des monnoies (4), démembrement de la chambre des comptes.

---

(1) Edit de 1695, art. 31.

(2) Commentaire de Jousse sur cet article.

(3) M. l'abbé de Fleury dit qu'il a été conservé pour juger les affaires contentieuses, que le conseil vouloit ôter aux parlemens. L'exécution du concordat qui lui a été confiée lui a procuré beaucoup d'affaires. Voyez Pasquier, rech. de la France, l. 2, c. 6, & M. de Fleury, *ibid.*, p. 93 & suiv.

(4) Sur la cour des monnoies, voyez Pas-

D'autres divisent la France en différens ressorts, quant à leurs différentes attributions.

Telles sont les chambres des comptes ; autrefois il n'y en avoit qu'une pour tout le royaume (1) ; c'étoit le conseil des finances.

---

quier, rech. de la France, l. 2, c. 5, & M. de Fleury, t. 1, 2ᵉ part., p. 92.

(1) On a érigé plusieurs autres chambres des comptes, outre celle de Paris. On a établi deux semestres pour doubler les officiers.

Cette augmentation d'officiers & l'érection des différentes chambres ont diminué la confiance relativement au secret des affaires. « Le » principal, dit l'abbé de Fleury, se fait au » conseil royal ; on laisse à la chambre les » formes ».

La chambre des comptes de Paris réunit quatorze généralités. Les chambres des comptes de province ont peu de fonctions. Quelques-unes sont réunies aux parlemens & cours des aides. Voyez droit public de M. de Fleury, t. 2, p. 266 & suiv.

Telles sont les cours des aides (1), qui repréfentent les généraux des aides , députés des états : fous cette cour fupérieure , font les élections , les juges des gabelles , les traites.

Dans l'origine , les cours des aides & les chambres des comptes tenoient davantage à l'adminiftra- tion (2).

Tels font les bureaux des finan-

____

(1) Voyez Pafquier , rech. de la France , l. 2 , c. 7 ; remontrances de la cour des aides , du 8 mai 1761.

(2) Voy. les deux notes précédentes. Au fur- plus, il y a des lettres-patentes qui ne font point adreffées aux parlemens , & dont les unes font adreffées finguliérement à la cour des aides , d'autres finguliérement à la chambre des comp- tes. Quand le Roi tient un lit de juftice au parlement , des princes du fang rempliffent or- dinairement des formalités équivalentes à la chambre des comptes & à la cour des aides.

ces (1) , juges du domaine & de la grande & petite vôyerie, les maîtrifes qui connoiffent des eaux

---

(1) Edits de février 1543 & 1627. C'étoient autrefois les vicomtes qui connoiffoient de ces fortes de matieres.

En pays d'états, la direction & adminiftration des chemins appartient aux états ; la connoiffance des conteftations à l'occafion des marchés, contrats ou autres actes paffés pour raifon de ces ouvrages entre les entrepreneurs, ouvriers, fourniffeurs, voituriers & autres, aux juges ordinaires. Art. 58 & 59 d'une déclaration du 20 janvier 1736 pour le parlement de Touloufe.

Dans les pays d'élection, les entrepreneurs, pour les dégradations faites aux grands chemins, aux berges qui bornent la largeur de ces chemins, aux bornes qui défendent les acotemens des chauffées, les murs de foutenement & les parapets des ponts, peuvent faire dreffer procès-verbal par un commiffaire ou par le plus prochain juge du lieu, & le remettre au directeur général des ponts & chauffées, & à l'intendant (maintenant aux affemblées provinciales), pour, fur leur

& forets (1) , les amirautés (2) , jurifdiction des affaires maritimes ; ces jurifdictions reffortiffent aux parlemens (3).

Tels font les préfidiaux qui jugent maintenant fouverainement

---

avis , être ftatué par le confeil. Arrét du confeil , du 4 août 1731 , cod. Louis XV, t. 4.

(1) Ce n'eft point le domicile du défendeur ni le privilege qui reglent la compétence des juges des eaux & forêts , mais la fituation des eaux & des bois , le lieu du délit. T. 1 , art. 9 & 10 de l'ordonnance des eaux & forêts.

Les grands-maîtres peuvent juger en dernier reffort au préfidial les ouvriers des eaux & forêts , pourvu qu'il y ait fept juges. T. 3 , art. 6.

(2) Les fieges généraux de l'amirauté aux tables de marbre connoiffent des affaires de la marine par appel des fieges particuliers , & en premiere inftance par rapport aux lieux où il n'y a point de fieges particuliers. Ordon- nance de 1631 , t. 1.

(3) Pour la voierie , les appels fe portent au confeil. Voyez arrêt du confeil , du 22 décembre 1738 , c. L. XV, t. 10 , p. 337.

jusqu'à 2000 livres. La compétence eutre les préfidiaux & les parlemens étoit décidée par le grand-conseil ; maintenant le préfidial lui-même & les parlemens ont le droit de prononcer fur leur compétence (1).

Certaines perfonnes privilégiées ont leurs caufes commifes dans

____

(1) Voyez l'édit du mois d'août 1777 , regiftré au parlement le 12. Si le préfidial délaiffe , c'eft-à-dire , s'il reconnoît la compétence du parlement , fa décifion doit être inviolablement fuivie. S'il décide en faveur de fa compétence , fon jugement eft fujet à l'appel ; mais il faut que cet appel foit interjetté dans la huitaine , qu'il foit relevé dans la quinzaine , & que l'appellant n'ait fait fignifier aucun acte de procédure : autrement , fin de non-recevoir.

L'appel doit fe juger par l'avis feul des avocats généraux.

Le miniftere public ni les officiers du fiege ne peuvent réclamer la compétence.

des tribunaux particuliers ; les
requêtes de l'hôtel , qui font une
division des maîtres des requêtes ;
les requêtes du palais , qui font
une chambre du parlement ; la
connétablie (1) ; l'appel fe porte
au parlement. La prévôté de l'hôtel (2) , pour les commenfaux ,
reffortit au grand-confeil.

Les juges ordinaires font quelquefois juges extraordinaires pour
certaines perfonnes , comme les
bailliages pour les nobles , à l'ex-
clufion des prévôts & vicomtes
royaux , les confervateurs des privileges des univerfités , pour les

---

(1) La connétablie connoît des fournitures
& munitions de guerre , des actions perfonnelles des gens de guerre.

(2) Voy. M. l'abbé de Fleury, *ibid.* , pag. 82.

écoliers, à l'exclusion des juges de la situation & du domicile.

Les grands-prévôts connoissent de certains délits, qu'on nomme par cette raison prévôtaux (1) ; ces délits sont prévôtaux, soit par la qualité des personnes, ceux

---

(1) Les grands-prévôts connoissent des fauteurs de la désertion par connexité & litispendance, & des mendians sans autre délit. Declaration du 3 février 1731.

Des vols des grands chemins.

Nota. Les rues des villes & fauxbourgs ne font point partie des grands chemins. *Ibid.* art. 5. Il en résulte que les fauxbourgs participent aux privileges des villes.

Ils connoissent encore des séditions, émotions populaires, des levées de gens de guerre fans commission du roi.

Sil s'agit, dans la même affaire, d'un vagabond & d'un privilégié, d'un crime prévôtal & d'un crime qui ne l'est pas, le juge ordinaire est préféré.

La compétence des prévôts est jugée par les présidiaux. Voyez *ibid.*

qui font commis par les déferteurs, ou mendians, foit par la nature du crime, comme le vol fur les grands chemins.

Nous n'entrerons pas dans l'énumération de toutes les jurifdictions extraordinaires.

Obfervons que les tribunaux ordinaires ou extraordinaires reçoivent quelquefois des commiffions, pour juger des affaires qui ne feroient pas de leur compétence.

Quelquefois on crée des commiffions particulieres, pour certaines conteftations.

Suivant les principes que nous avons établis, les jurifdictions du droit des gens, qu'on a laiffé fubfifter en France, du moins en partie, paroîtroient devoir s'étendre dans les enclaves particulieres

que forment les différentes jurifdictions ordinaires ou extraordinaires.

Parmi les jurifdictions civiles,
les jurifdictions ordinaires embraf-
fent tout ce qui n'eft point attribué fpécialement aux jurifdictions
extraordinaires par la loi de leur
création, ou par d'autres loix fub-
féquentes.

Les jurifdictions extraordinaires
doivent être étroitement refferrées
dans leurs limites.

Les commiffions particulieres
paroiffent l'être encore davantage.

Enfin, des commiffions particulieres, données à des tribunaux
déja exiftans, femblent avoir un
degré de faveur fur les autres
commiffions particulieres.

Obfervons en finiffant, que la

puiſſance extérieure, la puiſſance coaĉtive pour protéger les juriſdictions civiles chargées de faire exécuter les loix; que tout le pouvoir militaire enfin, eſt réuni ſur la tête du Monarque. On conſidere ce pouvoir militaire, comme étant indiviſible par eſſence. Après la mort de Louis XIV, le duc du Maine demandoit le commandement d'une partie des troupes, pour un objet bien important, pour veiller à la ſûreté de la perſonne du Roi, qui lui étoit confiée : on le lui refuſa ſur ce principe.

Même en Angleterre, la puiſſance exécutrice eſt ſur la tête du Roi.

CHAPITRE VI.

Ne seroit-il pas possible de diminuer la masse énorme des Questions mixtes, soit entre les nations, soit dans le sein de la France ?

LE premier moyen de diminuer les Questions mixtes entre les nations, seroit, par un concert unanime, de se rapprocher, autant qu'il seroit possible, de l'équité naturelle dans la rédaction des loix. Les hommes seroient ainsi réunis, malgré la distance des lieux, malgré la différence des empires. Les loix étant les mêmes, il n'y auroit point de Questions mixtes, & les jurisdictions naturelles étant également respectées chez les différentes nations, la force coactive ferviroit feulement à y faire exécuter ce qu'auroient decidé ces jurifdictions également reconnues dans tous les états.

Entre les Puiffances de l'Europe, qu'on a comparées à une république, parce qu'il y a plufieurs loix générales, comme les loix de la guerre, on fent bien qu'il ne peut y avoir de Queftions mixtes, par rapport à ces loix généralement reçues.

Il n'y a pas plus de Queftions mixtes à cet égard, qu'en France, entre les différentes provinces, lorfqu'il y a une loi commune qui s'étend fous toutes les coutumes.

On pourroit multiplier ces loix générales. Par exemple, la loi naturelle des fucceffions en faveur des plus proches parens, fondée sur la préfomption de volonté du propriétaire, trouve parmi nous l'obftacle de la loi d'aubaine. C'eft une loi nationale ; mais on y a dérogé pour tant d'états , que notre loi civile eft prefque abolie. Qu'on l'anéantît , abfolument , & qu'il y eût chez toutes les nations une abrogation réciproque de pareilles loix , il n'y auroit plus de Queftions mixtes, quant à ce droit général de fuccéder.

Dans les circonftances actuelles, il faut, comme nous l'avons déja dit, embraffer pour principale regle, de borner étroitement les loix & jurifdictions civiles , chacune dans leur territoire.

Il en réfultera d'abord , que chaque loi ainfi preffée de tous côtés ,

réagira contre toutes les autres,
& conservera l'empire le plus absolu dans son enclave.

Il en résultera encore, que ceux
à qui l'on permettra de posséder
des biens dans une autre nation,
seront considérés comme s'ils y
étoient domiciliés, lorsqu'il s'agira
de ces biens. Ils seront ainsi considérés, soit par rapport aux loix
qui concernent les possesseurs domiciliés, soit par rapport aux jurisdictions auxquelles ces possesseurs
sont soumis. Les étrangers ne doivent pas être mieux traités que
les regnicoles. Il faut donc que
les étrangers remplissent, comme
les regnicoles, les conditions attachées à la possession des biens,
s'il n'y a pas quelque loi qui les
en exempte, si l'équité naturelle

ne réclame pas quelque indulgence en leur faveur.

En France, on diminueroit beaucoup les Questions mixtes en simplifiant les loix, en réduisant les jurisdictions.

Qu'a-t-on besoin de cette foule immense de coutumes? On pourroit en extraire les décisions les plus équitables, & en former un code aussi sage que bien ordonné. Chaque pays porteroit son tribut à la masse commune, & profiteroit du contingent de ses voisins.

Toutes ces jurisdictions, que les circonstances des temps ont multipliées, seroient réduites au moindre nombre possible; on diminueroit les privilégiés, dont le fardeau retombe sur le commun des citoyens. Les plaideurs seroient

moins fatigués par une foule de réglemens de juge.

C'est le gouvernement féodal,
qui a rendu les loix & les jurifdictions si exclusives. De petites
Puissances sont obligées d'avoir recours à une foule de petits moyens,
pour se maintenir ou s'agrandir.

Auparavant, on s'attachoit à un
système qui écartoit beaucoup de
Questions mixtes. Un Romain étoit
jugé par la loi romaine, un Franc
par la loi des Francs, un Lom-
bard par la loi des Lombards.
Maintenant, qu'il n'existe plus
que les décombres du gouvernement féodal, on pourroit, sans
doute, suivre le même système,
juger un Normand suivant la coutume de Normandie, & ainsi des
autres.

Mais le parti le plus simple seroit de se fixer aux loix de l'enclave, par rapport aux personnes qui s'y trouveroient effectivement, & de supposer les possesseurs des choses domiciliés dans le lieu où elles existeroient, d'exiger des possesseurs étrangers les mêmes qualités que du domicilié, de les rendre, relativement à ces objets, justiciables des mêmes tribunaux.

Il faudroit s'attacher fortement à cette regle dans les questions mixtes de souveraineté à souveraineté ; il faudroit s'y attacher encore dans les Questions mixtes de province à province.

Cette regle dérive de notre second principe. *Le droit civil est le droit particulier de chaque cité, de*

chaque

chaque nation : il y domine exclusivement.

Elle n'est point contraire à cet autre principe que nous avons posé d'abord. *Ce qui est commandé par le droit naturel, est de tous les pays ; il doit être reçu par toute la terre, suivant les différentes modifications qu'exigent les lieux & les temps.* Rarement les loix prohibent les vrais principes du droit naturel ; elles ne font que le modifier.

Ces loix prohibitives, ou plutôt ces loix qui impriment une forme accidentelle & locale à l'équité naturelle, font celles dont le pouvoir est autant absolu, autant exclusif dans chaque souveraineté, qu'il y est étroitement circonscrit.

Cependant les puissances ont,

sans doute, la faculté d'y déro-
ger ; elles doivent même y déro-
ger quelquefois par des vues
supérieures d'équité, ou par une
complaisance réciproque.

C'est par l'application aux questions particulieres, qu'on jugera
de plus en plus de la fécondité de
ces notions simples.

FIN.